The Program Description Template in Language Education

言語教育プログラムを可視化する

よりよいプログラム運営のために

松下達彦
札野寛子
編著

遠藤藍子
大河原尚
大舩ちさと
小池亜子
菅谷有子
鈴木秀明
田中和美
徳永あかね
中河和子
古川嘉子
ボイクマン総子
松尾憲暁
著

多様な現場の具体例付きでわかりやすい！

にほんごの凡人社

まえがき

　一般的に、ものごとを正しく理解するには、俯瞰的に全体を捉えようとする「鳥の目」と、近距離から深く詳細に見ようとする「虫の目」が必要だと言われます。また、「虫の目」には、視点を変えて複眼的に見るという考え方もあるようです。(さらに最近では、時の流れを捉える「魚の目」などの説も見受けられます。)日本語をはじめとする言語教育プログラムでも、ほとんどの教師は、教師と学習者という近い距離での「虫の目」の視点で、日々の授業活動でどのように学習を進めると効果的かなどを常に詳細に考えているのではないでしょうか。その一方で、自分が関わる言語教育プログラムを俯瞰的に、すなわち「鳥の目」で社会的に位置づけて、そして同じ「虫の目」でも複眼的に、すなわち異なる立場からはどう見えるかなども考慮しながらプログラムの詳細を見るというのは、きっかけがないと取り組みにくいことかもしれません。しかし、このようなプログラムの捉え方は、PDCA（Plan 計画 ⇒ Do 実施 ⇒ Check 評価 ⇒ Act 改善）サイクルを活用してよりよいプログラムの運営を進めていくうえでは不可欠なものです。

　そこで、私たち、言語教育プログラム研究会[*1]では、そのきっかけとなるようなツール「言語教育プログラム可視化テンプレート」を作成しました。本書はそのテンプレートの解説書です。(開発の理由や経緯の詳細はⅠ章をご参照ください。なお、本書の記述は、日本語教育担当者が日本語教育界の現状を踏まえたうえで著したものとなっていますが、「言語教育プログラム可視化テンプレート」自体は日本語教育に特化しているわけではありません。さまざまな言語教育プログラムにも適用できるように意識して作成してあります。)

　現職者あるいは運営担当者の方は、自分が関わる言語教育プログラムについての理解を深めるために、ぜひ本書をご利用ください。テンプレートのいろいろな質問に答えていくことにより、自分が意識していなかったプログラムの側面や全体像が見えてくるでしょう。あるいは、プログラムの在り様を記述することにより、例えば外部の協定機関関係者などに自分のプログラムがどのようなものであるかを説明することにも活用可能です。また、教職員研修（FD／SD=Faculty Development／Staff Development）などの機会に、可能であれば異なる立場にあるプログラム関係者間でテンプレートを記述してみて、それぞれの捉えるプログラムの現状理解を共有し、認識のずれや関心度の違いなどを確認してみてください。それによって、プログラムを複眼的にも捉えることができるようになり、よりよいプログラムの実現に結びつけるための対話を始められるでしょう。

　さらに、日本語教師養成課程でも、『登録日本語教員　実践研修・養成課程コアカリキュラム』[*2]の「必須の教育内容37項目」に含まれる学習項目「〈21〉日本語教育プログラムの理解と実践」のための教材として利用すれば、早い段階から言語教育プログラムを俯瞰的、そして複眼的に捉える能力の育成に役立つはずです。

　折しも、日本語教育の活動が法制化され、文部科学省による日本語教育機関の認定制度や国

家資格の登録日本語教員制度、実践研修機関・日本語教員養成機関の登録制度などが動き出しました（本書制作時点）。これらの制度が制定された社会的背景を考えると、例えば登録日本語教員資格などのいろいろな制度を活用する際に、一教師であっても、自分が関わる言語教育プログラムを社会的存在として俯瞰的、複眼的に捉える視点がますます重要になってきているのではないでしょうか。そのために、言語教育プログラム可視化テンプレートの記述を通して、それぞれが関わる言語教育プログラムの在り様への理解を深めていただけることを願っています。本書がよりよい言語教育プログラムの実現に少しでも貢献できれば幸いです。

令和 6（2024）年夏

執筆者を代表して　札野 寛子

＊1 「言語教育プログラム研究会」ウェブサイト
http://www17408ui.sakura.ne.jp/tatsum/project/Pro_Ken/index.html

＊2 「登録日本語教員 実践研修・養成課程コアカリキュラム」（令和 6 年 4 月 1 日 中央教育審議会生涯学習分科会日本語教育部会決定）
https://www.mext.go.jp/content/20240321-ope_dev02-000034812_4.pdf

もくじ

まえがき ......*i*

プロローグ：こんなことありませんか？ －事例から考える「プログラム」の視点の必要性－　1

1章　言語教育プログラム可視化テンプレート　7
1.1　本書の目的 *8*
1.2　テンプレートおよび本書の構成 *10*
1.3　用語の定義 *14*

2章　言語教育プログラムの社会的背景・現状および基本理念・使命・目標　21
2.1　社会的背景・プログラムの現状 *23*
2.1.1　社会的背景 *23*
2.1.1.1　対象プログラムは内外のどのような社会状況やニーズと関連しているか *23*
2.1.1.2　対象プログラム実施にあたり、考慮すべき社会的条件や制約があるか *24*
2.1.2　プログラムの現状 *26*
2.1.2.1　対象プログラムには社会状況やニーズ、社会的条件や制約がどう影響しているか *26*
2.1.2.2　（既存プログラムの場合、）どのような実績や課題があるか *27*
2.2　基本理念・使命・目標 *28*
2.2.1　基本理念・使命 *29*
2.2.1.1　対象プログラムの基本理念・使命は何か *29*
2.2.2　目標 *30*
2.2.2.1　目標や下位目標は何か *30*

3章　言語教育プログラムのリソース（資源） －ヒト・モノ・カネ・情報－　35
【ヒト】
3.1　対象者（学習者等） *37*
3.1.1　どのような対象者がいるか *37*
3.1.2　背景・特性等はどのようなものか *38*
3.2　教師 *39*
3.2.1　教師はどのような役割か *39*
3.3　学習支援者 *40*
3.3.1　学習支援者はどのような役割か *40*
3.4　コーディネーター・主任教員等 *41*
3.4.1　コーディネーター・主任教員はどのような役割か *41*
3.5　その他のプログラム運営の関係者・関係組織 *42*
3.5.1　どのような立場の人や機関が関係しているか *42*
3.5.2　決定権のある関係者はだれか *43*
3.5.3　上位組織と言語教育プログラムはどう関係し、位置づけられるか *44*
3.5.4　その他の組織・関係者には何があるか（事務スタッフや組織外の関係者等） *46*

【モノ】
3.6 施設・設備・備品 ……47
- 3.6.1 プログラムの対象者用に、どのようなモノがあるか ……47
- 3.6.2 教師・学習支援者用に、どのようなモノがあるか ……48

【カネ】
3.7 予算・資金 ……48
- 3.7.1 プログラムにはどこからカネが来ているか ……48
- 3.7.2 どのぐらいカネがかかるか ……49

【情報】
3.8 情報 ……50
- 3.8.1 プログラムにはどのような情報があるか ……50
- 3.8.2 情報はどの範囲で共有されているか ……51
- 3.8.3 情報はどのような方法で共有されているか ……52

4章 言語教育プログラムにおける学習・教育の活動内容　　55

4.1 時間的枠組み ……57
- 4.1.1 プログラムの時間的枠組み（期間・学習時間・単位数・活動頻度など）はどうなっているか ……57

4.2 活動単位（科目等）の構成 ……58
- 4.2.1 どのような活動単位（科目等）の分類（4技能総合型、特定の技能・専門分野別など）になっているか ……58
- 4.2.2 能力レベルを設定する場合、どのような基準を用いているか ……60

4.3 各レベルや各活動単位（科目等）の目標とプログラム全体の目標の関連づけ ……62
- 4.3.1 各レベルや各活動単位（科目等）の目標は、プログラム全体の目標とどう関連づけられているか ……62

4.4 主な活動単位（科目等）の特性 ……64
- 4.4.1 どのような媒体を用いて指導や支援を行っているか（例：対面授業、オンライン授業、通信教育）……64
- 4.4.2 どのぐらいのクラスサイズ（例：少人数クラス、個人指導、グループ学習）で、どのような学習形式（例：講義-演習型／ゼミ形式／グループ学習など）によって実施されるか ……65
- 4.4.3 どのような教材を用いているか（例：書籍／動画／生教材／ウェブ教材など）……66
- 4.4.4 どのようなシラバス（学習項目一覧）タイプか（例：構造（文法）、機能、技能（スキル）、場面、話題（トピック）、行動・体験中心の活動など）……67
- 4.4.5 どのような教育方法が用いられているか（例：直接法／媒介言語使用可、コミュニカティブアプローチ、タスク中心の教授法など）……68

4.5 各活動単位（科目等）での評価方法、プログラム修了の認定 ……70
- 4.5.1 各活動単位（科目等）でどのような評価方法が用いられているか（例：筆記テスト、会話テスト、プレゼンテーション、レポート課題など）……70
- 4.5.2 プログラム修了の認定はどのように行われるか ……71

5章 言語教育プログラムの実施・運営　　73

5.1 実施・運営スケジュール ……76

- 5.1.1 プログラム実施・運営のスケジュールは、いつだれがどのように決めるか 76
- 5.2 教師・学習支援者および運営スタッフ 77
  - 5.2.1 教師・学習支援者および運営スタッフは、いつだれがどのように決めるか（採用・配置）......77
- 5.3 対象者（学習者等）......78
  - 5.3.1 対象者（学習者等）は、いつだれがどのように決めるか（募集・選考・受入れ）......78
- 5.4 シラバス・時間割等 79
  - 5.4.1 シラバス、時間割等はいつだれがどのように作成するか 79
- 5.5 リソース（資源）の配置と共有 80
  - 5.5.1 「ヒト」の配置をどうするか 80
  - 5.5.2 「モノ」の配置をどうするか 81
    - 5.5.2.1 「場所」の配置をどうするか 81
    - 5.5.2.2 その他の「モノ」の配置をどうするか 82
  - 5.5.3 「情報」の共有をどうするか 83
- 5.6 他部署・他機関との連携 84
  - 5.6.1 組織内関連他部署との連携をどうするか 84
  - 5.6.2 組織外との連携をどうするか 85
- 5.7 「ヒト」への支援 87
  - 5.7.1 対象者（学習者等）への支援は、どのようにしているか 87
  - 5.7.2 教師・学習支援者および運営スタッフへの支援は、どのようにしているか 88
- 5.8 プログラムの点検・評価システム 89
  - 5.8.1 プログラムの点検・評価はいつだれがどのように実施するか 89
  - 5.8.2 どのような証拠資料（エビデンス）をいつだれがどのように保存するか 91
  - 5.8.3 問題点の改善をいつだれがどのように行うか 93
- 5.9 危機管理／リスクマネジメント 93
  - 5.9.1 危機管理／リスクマネジメントはだれがどのようにしているか（例：感染症、自然災害、情報漏洩、誹謗中傷）......93

6章 言語教育プログラムの成果と課題　　97

- 6.1 成果・目標達成の程度 98
  - 6.1.1 どのような成果があがったか、また、どの程度「目標」が達成できたか 98
- 6.2 問題点・今後への課題 102
  - 6.2.1 どのような問題点・今後への課題があるか 102
- 6.3 問題解決・改善への取り組み 103
  - 6.3.1 どのように問題解決・改善に取り組むか 103

7章 テンプレート記述事例集　　107

- 7.1 地域日本語教室の場合 108
- 7.2 進学中心の日本語学校の場合 117
- 7.3 日本語教育サービスを提供する会社の場合 128
- 7.4 大学の留学生別科の日本語プログラムの場合 138

- 7.5　理系の大学院の日本語プログラムの場合 148
- 7.6　海外の大学の日本学専攻の日本語プログラムの場合 158

8章　むすび：言語教育「プログラム」を考える　　167

- 8.1　言語教育活動を「プログラム」として見る 167
- 8.2　評価論における「プログラム」の捉え方 167
- 8.3　言語教育活動における「プログラム」の特徴 168
  - 8.3.1　「プログラム」のレベル 169
  - 8.3.2　社会的背景・現状、基本理念・使命・目標 169
  - 8.3.3　多様な関係者：ステークホルダー 171
  - 8.3.4　実施・運営に必要な「リソース（資源）」......172
  - 8.3.5　複数の活動のまとまり 172
  - 8.3.6　計画とプロセス 173
  - 8.3.7　「プログラム」の成果とその社会的影響 173
  - 8.3.8　持続可能性 174
- 8.4　言語教育を「プログラム」として捉える必要性 175
- 8.5　教育活動から「プログラム」へ 176
- 8.6　現場を「プログラム」として見直す 177

Column

- 対象者（学習者等）もリソース 39
- 多岐にわたるコーディネーター・主任教員の役割 42
- 関係者・機関の役割分担のあり方について考える 43
- 何をもって成果を証明するか？ 45
- ノウハウも重要なリソース 52
- リソース（資源）としての「時間」......53
- 「活動単位（科目等）の組み合わせ」と「成果」「コスト」「クラスサイズ」......59
- 言語運用能力の客観的な基準の有用性 61
- 合理的配慮 88
- エビデンス？　それとも個人情報？　そして試験の公正性 92
- プログラム評価・業績測定 vs. 自己点検評価 101

資料 179
あとがき 187
執筆者一覧 190

データ版「言語教育プログラム可視化テンプレート」
https://www.bonjinsha.com/wp/VisualizationTemplate

参考：言語教育プログラム研究会「言語教育プログラム可視化テンプレート」
http://www.17408ui.sakura.ne.jp/tatsum/project/Pro_Ken/contents.html

プロローグ こんなことありませんか？
— 事例から考える「プログラム」の視点の必要性 —

　これは日本語教師の「ゆうき先生」（仮名）から聞いた話です[注]。今は日本国内のある大学の専任教員として活躍するゆうき先生ですが、そこに至るまでにはさまざまな苦労があったそうです。

いざ、タレポリアへ
　ゆうき先生は新しい世界に飛び込んでいく勇気があって、やる気満々の先生だ。大学の学士課程で日本語教育を専攻して大学院に進学し、修了後に日本の私立の新成大学（仮称）で任期付きの契約講師になった。新成大は東南アジアのタレポリア（仮想国名）に学生募集の拠点を作ろうと計画しており、ゆうき先生はその計画のための会議に何度か呼ばれた。やがて、ゆうき先生は新しい日本語教育プログラムを立ち上げるため、タレポリアのタレポリアン大学に派遣されることになった。
　ゆうき先生は、初めはタレポリアへの派遣を断ろうかとも考えた。しかし、おもしろそうだと思ったし、新成大での任期の終わりが近づいてきており、タレポリアの仕事を引き受ければ契約の更新が期待できそうな状況だったので、ゆうき先生はその仕事を引き受けることにした。しかも、大学の経営者からいずれは任期なしの教員にするといった口約束もあったそうである。（しかし、それはただの口約束で、後に大きな問題になったらしい。）

目標をどう定めるか
　ゆうき先生はタレポリアでいろいろな苦労をしたが、まず、仕事の具体的な目標そのものを定めることが難しかったそうだ。新成大の経営陣（理事会）は、将来的な学生募集を目的に、現地での日本語学校経営に乗り出したがっていた。まず、提携のタレポリアン大に日本語教育プログラムを作り、現地企業向けの日本語プログラムを別に作って売り、学生募集の拠点にしたらどうかなどとも言っていた。一方、教育部門の上層部は経営拡大に消極的で、関係者の意見の食い違いがあった。そしてまた、派遣先のタレポリアン大にも、日本とのつながりを学生募集のテコ入れの材料にしたいなど、さまざまな思惑があったようで、新成大の期待とは一致しない部分もあり、どんな日本語教育プログラムにすれば周囲の期待に応えられるのかがわからなかった。派遣元の新成大と、派遣先のタレポリアン大の間の契約も曖昧で、ゆうき先生は、タレポリアン大から「週末のオープンキャンパスで日本祭りをするので屋台を出してほしい」「経営学の講義をしてほしい」「今週末に400人の学生に何か講義をしてほしい」など、びっくりするような仕事をいきなり頼まれたそうである。

具体的な目標やニーズがはっきりしないのでは、どのような日本語教育を行えばよいかも決められない。方針が定まっておらず、その場しのぎの意思決定をしがちな組織の中で、ゆうき先生は奮闘した。それぞれの目的に応じてどのような教育内容にすればよいかを一生懸命考えて教材も作り、実行に移した。

リソースが足りない……

現地で立ち上げた日本語プログラムは主に3種類あった。企業の日本語研修、一般向けの日本語講座、大学での学生対象の日本語授業だ。しかし、そもそもプログラムの立ち上げに必要な各種のリソース（ヒト・モノ・カネ、情報などの資源）が不足していた。ヒト（担当スタッフ）も派遣前の準備段階では数人いたが、実際に派遣されたのは、ゆうき先生1人だけだった。現地（タレポリアン大の一室）にはさまざまな交渉をサポートしてくれるスタッフが1人いただけで、ゆうき先生は、現地学生の新成大への送り出し、タレポリアン大のプログラムへの学生の受け入れなどを、ほとんど1人でやらなければならなかったが、プログラム立ち上げの手順に関する知識も不足していたため、大変だった。そもそも派遣された段階では、予算（カネ）がいくらなのかもわからなかった。

カリキュラム作りに奮闘

3種類のプログラムの中でいちばん大変だったのはビジネス関係者対象の日本語の研修だった。学習者の動機も、キャリアアップのため、日本に研修に行くため、日本語能力試験のN1に合格して給料を上げるためなどさまざまだった。企業勤務経験のなかったゆうき先生にはいろいろなことがイメージしにくかった。現地で知り合いになった駐在員たちに尋ね、研修の内容を考えた。自分自身にリアルな体験がないので、ちゃんとそういう経験がある方に見てもらうのが大事だと考えたのだ。ヒト（人材や関係者・関係組織）のつながりの大切さが身に染みた。学習者には日本系列のクリニックの看護師さんや通訳もおり、日本人医師とのやりとりのとき、怒られることが多いと聞き、自分の役割は現地の人と日本人の間に立って橋渡しすることだと考えた。ロールプレイなどを行い、お互いの視点から相手の立場や意識の違いを理解できるようにしようと試みた。現地の看護専門の大学の先生にも連絡をして1回、日本語学習の

現場を見に来てもらい、看護教育のトレーニングについてアドバイスをもらったりした。また、日系企業からは、日本語を勉強したことのない社員を現地工場のリーダーに育てたいといった要望も受けた。リーダー候補者に対しての渡日研修があるが、ビジネスカルチャーや日本語コミュニケーションの教育はできるだけ渡日前に済ませておきたいとのことだった。何を渡日前に準備すればよいのかを一生懸命考えたそうである。

計画通りには行かず……

　このような苦労をして３種類の日本語プログラムを立ち上げたゆうき先生だったが、その先も苦労の連続だった。タレポリアン大の学生向けの授業は正規課程ではなく、基本的に土日や夜間に開講し、卒業単位にはならないプログラムで、学生たちのやる気もまちまちだった。最初は、大学から与えられたカリキュラムをそのまま受け取ってそれを実行しようとしたが、すぐにそれではうまくいかないことに気づいた。そのカリキュラムは現地の英語教育のカリキュラムを日本語に移し替えただけのものだったので、日本語習得には向かない面もいろいろあった。ゆうき先生は、タレポリアン大の学生がたくさん集まる講義でアンケートをとって学生たちのニーズを把握したり、卒業後の進路となるかもしれない企業関係者などの話を聞いたりして、目標を考え直した。その結果、まずは日本に留学しようという学生たちに、日本や日本語に興味を持ってもらおうと考えてカリキュラムを作り直した。幸い、興味もやる気もある学生が多かったので、苦労してくじけそうになったときにも、日本語教師の仕事が嫌いにならずに済んだ。

　学外では学生募集拠点の設立のための調査もしなければいけなかった。そこで、現地の日本文化交流センターと連絡を取り、タレポリアに大学のコンソーシアム（大学連携の組織）があることも突き止め、日本文化交流センターが取りまとめ機関としてタレポリアの大学や企業と日本の大学との間の交渉をサポートするという企画を立てて交渉した。そうすればタレポリア国内の大学や日系企業を自分で堂々と訪問できると考えたのだ。

プログラムをどう評価するか

　そうした組織間の連携などを作りながら、日々の授業をこなしていったゆうき先生だが、各プログラムのサイクルが一回りしたあとには、評価に関するさまざまな仕事が待っていた。テスト理論やコース評価は勉強したことがあったが、プログラム評価の理論や方法に関する知識や経験が乏しかったので、手探りでやるしかなかった。企業研修では、研修プログラムについての評価レポートを出さなければならなかった。日本語能力試験（JLPT）やBJTビジネス日本語能力テストを受験させることになっており、点数が伸びたかどうかや受講生の反応なども、シビアに報告しなければならず、そこに自分の所見を加えてレポートを書いた。効果がないと次の契約が取れないので、できるだけ成果を見せられるように書き方を工夫した。初めは書き方がわからず、前の研修のレポートを見たいと尋ねてみたところ、それは「競合他社」のものであり、契約上も見せられないと言われた。自分で考えるしかなかった。ゆうき先生は、最終

的な授業の評価を高くするため、研修の初め、途中などにも何度も学生のコメントをもらうようにして、改善すべきところは改善していった。

プログラムの立ち上げ・運営の知識があれば……

　ずいぶん苦労をしたゆうき先生だったが、あとで振り返って、もっとプログラムの立ち上げ・運営に関する知識があればしなくて済んだ苦労もたくさんあったことに気がついた。科目（コース）のデザインのために学習ニーズやレディネス（学習者の既習レベル等）について把握しておくべきであることはわかっていたが、科目を超えた、プログラムのレベルでの知識が足りなかった。

　例えば、目標設定のためには、現地の社会状況や日本との関係などについて知っておく必要があったが、そのような知識も乏しかった。現地でプログラムを作っていくのに、だれがいて（ヒト）、何があって（モノ）、いくら使えるのか（カネ）について、十分に知らされていなかった。また、どこに行けば、どんな情報が得られるのか（情報）についても、手探りでネットワークを広げて少しずつわかっていった感じだった。自分は教師だと思っていたし、今でもそう思っているが、タレポリアの経験では、自分にもっとビジネスセンスがあれば、もっとよい仕事ができたのではないかとも思う。教室で何をするかは大学や大学院で学んできたが、教室の外を含めて、言語教育プログラムがどのような要素で構成されていて、どのような順序で運営が進んでいくのかが頭に入っていれば、もう少し楽に済んだこともあっただろう。

　そして、今の日本国内の大学での仕事にタレポリアでの経験が生きている。組織の経営に組織内コミュニケーションや人間関係が絡んでいることや、事務の仕事の進み方などがリアルに想像できるようになった。以前は言われたことをとりあえずやるという感じで仕事をしていたが、今は大学が無理なことを言いだした場合は、きちんとした説明を求め、議論することも大事だと思う。また、それぞれの学部がバラバラにやっていたことをまとめて仕事を効率化しようというアイデアも生まれてきたが、これもタレポリアで苦労した経験から出てきた発想だ。

··

　さて、以上はタレポリアに赴任したゆうき先生の話でしたが、国内外を問わず、科目を超えた、プログラムのレベルでの知識が必要だという事例は、さまざまなところから聞こえてきます。以下にいくつか例を挙げてみます。

- 地域の学習支援教室や日本語教室で外国にルーツをもつ子どもたちや大人たちの学習支援をしているが、継続的な運営資金をどうするかが課題になっている。支援者への交通費や謝金のほか、教材費も必要なので、教育委員会との連携や各種の助成金申請を試みているが、実績を示す必要がある。しかし、数値で示すのはなかなか難しいと感じる。

- 地域の日本語教室として、自治体や国際交流協会や任意団体の支援を受けながら活動しているが、行政からは参加人数や日本語能力試験の合格者数などの外面的、一面的な評価を求められる。そもそも日本語だけの問題ではなく、生活の悩みの相談の場、外国人・日本人双方の居場所などの豊かな機能があるはずで、そういった面での評価はないのかと思う。

- 企業内日本語クラスで新しく授業を担当することになったが、カリキュラムの内容やクラス運営の方法についてきちんと説明できる人が社内におらず、引き継ぎ資料も不足していた。目的や理念について関係者の持っているイメージがバラバラで、例えば社員の家族の問題を解決しようとしたとき、だれに相談したらよいかわからなくて困った。

- 日本語学校の一教師として勤務していたら、突然、主任教員になることになった。先生方の多くは情熱的で、充実している様子だったが、時間のかかるやり方をしており、やりすぎで体調を崩しそうな先生もいる。自分は経営学部出身なので、効率的な運営を考えているが、一生懸命な先生方に水を差すわけにもいかず、よく考えて慎重に進めなければならない。

- 複数の教師が担当するクラスで、自分はことばを使って考える力をつけることを重視しているが、同僚は文法や語彙に関心が強く、目指すものが違っている気がする。引き継ぎの記録の書き方もどうも合わない。しかし、自分のほうが、立場が下なので言いにくい。なんとか話し合えればいいが……。

- 新型コロナウイルス感染症（COVID-19）の拡大で来日する学習者がいなくなり、突然、仕事がなくなり、自分で個人事業主になりオンライン授業を立ち上げることにした。SNSで情報交換しながらマーケティングをしている。その過程で自然にプログラム作りを意識するようになった。同じような意識を持つオンラインの個人教師同士で、授業参観をして研鑽したり、教材共有をしたりしながら手探りでやっている。

- 大学で複数の学部の合同日本語授業をコーディネートしているが、学部ごとに入試で課す内容も募集人数も違うし、各学部の方針も読めない。毎年、入学者数の把握だけでも大変。関係する先生方や職員さんが交代したら毎回同じことを説明しなくてはならないし。大学全体、あるいは学部で、留学生の受け入れ方針や教育のビジョンをしっかり策定してそれに沿って動いていけばもう少し計画が立てやすいが……。

いかがでしょうか。言語教育の関係者の方であれば、いろいろと思い当たることがあるのではないでしょうか。ここに挙げた例は、ゆうき先生の話も含め、一教師の目から見た事例ですが、その多くは、1科目のレベルの問題ではなく、プログラムのレベルで多くの人と関わりながら組織レベルで解決すべき問題です。

　似たようなことに思い当たる人は、ぜひ、この本を読んでみてください。そして、「言語教育プログラム可視化テンプレート」をツールとして使って自分の関わるプログラムについて振り返り、言語教育をプログラムのレベルで考え、実践してみてください。

[注]
ただし、ご本人の了承を得て、この文章の目的に合わせて少し変えたところがあります。

I章 言語教育プログラム可視化テンプレート

あるあるトーク　パッと見てわかるものが……
[中堅の日本語教師同士の会話]

A：進学したい人とそうでない人がそれぞれの興味に応じて選択できる科目があるといいんだけどなあ。そうすれば成績も満足度も学校の評判も上げられると思うんだけど……。

B：そもそもうちの学校、進学希望者とそうでない人のどっちをメインに考えてるのかな。それにクラス分けたらお金かかるよね。いくらかかるんだろう。そもそもそれって、どこでだれが決めるんだろうね。こういうことって、だれに相談すればいいんだろうね。

A：言うとしたら、とりあえずコーディネーターのひかる先生かな。なんでもかんでもひかる先生っていうのも、どうなんだろうとは思うけど……。

B：なんか、学校がどういう仕組みで、どこに何があって、だれが何を決めて、いまどうなってるのか、パッと見てわかるようなものが欲しいよね。

本章の概要

本章では、最初にこの本の全体像を説明し、なぜ「言語教育プログラム可視化テンプレート」が必要なのか、これを使って何ができるのかについて説明します。次に、「言語教育プログラム可視化テンプレート」の各領域について、簡単に説明していきます（各領域の詳細は各章の説明を参照してください）。最後に、本書で使ういくつかの用語の定義を示します。

Template 1.1　本書の目的

　この「言語教育プログラム可視化テンプレート」は、文字通り、言語教育プログラムの全体像を"見える"ようにするために作成したものです。プログラムの問題について考えるときに、そのプログラムを可視化し、意識化するための枠組みや分析シートがあれば、ただ口頭で議論をしたり、長々と文章にしたりするよりも、プログラムの概要の情報を容易に共有できます。プロローグの事例にあるような、<u>１つの教室、１人の教師レベルを超えた問題を扱うのが「プログラム」レベルで教育を捉えるということ</u>です。このテンプレートは１つの授業、１つの科目を超えて、それらのまとまりとしてのプログラムの総体を簡便に捉えるために作られたものです。

　2000年代初頭、日本で行政評価や大学評価などの重要性が認知されてきたころ、私たち執筆メンバーは、（授業／コース評価ではなく）言語教育プログラム全体をどう評価するかについて考え始め、勉強していました。そうするうちに、そもそもプログラム評価以前の問題として、言語教育（特に日本語教育の）関係者が、評価対象となるプログラムの全体像をきちんと把握しているか、現場の教師は自分の授業という枠内で授業の進め方ばかりに目が向きがちではないか、さらには経営者、コーディネーター、教師、学習者、その他の関係者がそれぞれ異なった視点でプログラムを見ていることで、問題が起きやすいのではないか、とも考えました。そして、プログラムの全体像を捉えるため、言語教育プログラムがどのような要素で構成されているのかを考えるようになりました。捉えどころのない構成要素について議論を重ねるうちに、わかりやすい図がほしい、と思い至りました。図にして、それを共有することで、よりよいプログラム運営について議論をする土台を共有できると考えたのです。そして、この言語教育プログラムテンプレートのもとになる概念図がいくつかできました。

　ところが、一度図にしてみると、今度はそこに書き込みたくなりました。書き込むことで理解が深まり、さらに異なる機関について記述したものを並べてみることで、比較もできると考えたのです。同一の機関について異なる人が記述をすれば、お互いに見えているものが異なっていることを可視化できるとも考えました。そして、いくつかの記入用テンプレートができました[注1]。また、この図を使ったワークショップを重ねるうちに、このテンプレート記入の有効性は確信に変わりました。さまざまな構成要素が有機的に関連しあって成り立つ言語教育プログラムの全体像を把握するのは難しいものかもしれませんが、「言語教育プログラム可視化テンプレート」（Version. 3.2, 図１）[注2]は、その全体像を意識することを助け、共有するためのツールです。

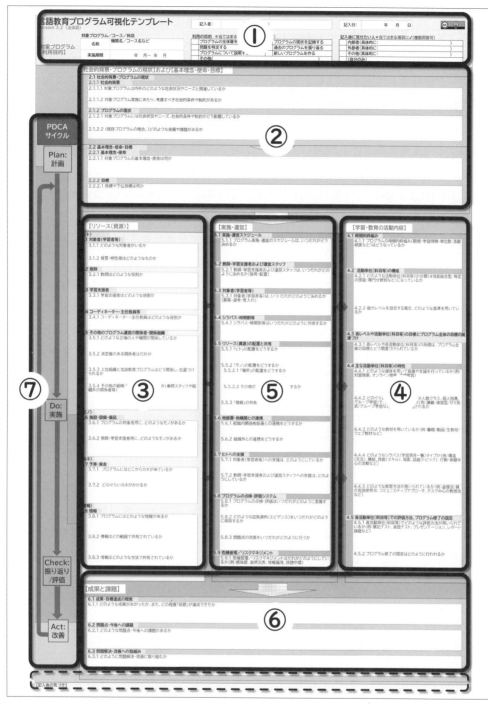

図1 「言語教育プログラム可視化テンプレート」全体図

*以下のURLまたはQRコードからExcel形式の「言語教育プログラム可視化テンプレート」をダウンロードすることができます。

URL: https://www.bonjinsha.com/wp/VisualizationTemplate

このテンプレートに記入することで、さまざまな問題に気づくかもしれません。まずは<u>記述してみて、現状を把握し、可視化することが重要</u>です。記述できないところがあれば、記述できない理由を考えることが自分たちのプログラムの問題に気づくヒントかもしれません。このテンプレートは解決の方法までは教えてくれないかもしれませんが、可視化して問題に気づくことができれば、解決策を現場で考えることに一歩近づけると思います。

　みなさんが、本書を見ながらテンプレートに書き込む経験を通して、言語教育プログラムの成り立ちやその運営のあり方を理解し、全体的に見渡す視点を得ること、それが本書の目指していることです。さらには、言語教育にどう関わっているかという<u>立場を超えて</u>「言語教育プログラム」の概念を理解し、「言語教育プログラムの運営」についての意識を持てるようになることを目指します。自分自身がプログラム運営の直接の担当者ではないとしても、社会的環境を意識し、プログラムの全体像の中で自分のできることを考えることがよりよい言語教育活動の実現につながると考えています。

　なお、1つのプログラムを、学校全体のように大きく捉える場合もあれば、目の前の1クラスの運営と捉える場合もあるかと思います。このテンプレートの記述に際しては、自分が記述したいと考える範囲を1つのまとまりとして「記述対象プログラム」だと考えてください。「プログラム」の定義について、詳しくは1.3を参照してください。

Template 1.2　テンプレートおよび本書の構成

　本書は「言語教育プログラム可視化テンプレート」を説明するためのものです。各領域に記述すべき内容について、例を挙げながら説明していきます。何をどう書いたらよいか迷ったら、各章を参考にしてください。2章～6章は「領域」②～⑥と対応しており、各領域に記述するための説明をしています。また、7章にはさまざまなタイプの日本語教育機関の例を挙げていますので、そちらもご参照ください。

領域① 「対象プログラムと利用目的」

　「言語教育プログラム可視化テンプレート」（図1）のいちばん上の①の領域で、<u>どの範囲を記述対象のプログラムと設定し、どの期間について、どのような立場で、どのような目的で、だれと共有するために記述するのか</u>、他の部分を記述する前に明確にしておくことが肝要です。以下、各項目について説明します。

●記入者（立場）

　氏名などを記入しますが、「立場」のところは、「利用の目的」によって、「教師」「コーディネーター／主任教員」「支援者」「経営責任者」のように、書いたほうがよいかもしれません。そう

することによって、どのような視点で記入するのかが明確になります。また、共有や比較の際にも重要な情報になります。

 テンプレートの記入例

| 記入者： | 宮崎 ひなた （立場： 県の地域日本語教育コーディネーター ） |

➡ 参考：7章 7.1

●記入日

　記入日も重要な情報です。プログラムは常に変化しますので、いつの時点で記入したものか、後からわかるようにしておくべきです。

●対象プログラム／コース／科目

　記入者が可視化したいと考える部分をプログラムと捉えてください。詳しくは1.3「用語の定義」の「プログラム」の項目も参照してください。

　「名称」には対象とするプログラム／コース／科目の名称を書いてください。

　「実施期間」については、このテンプレートで記述する対象の期間と考えます。目的によって自由に定めて構いません。ある1学期間の成果を想定することもできますし、過去数年間のことについて記述することもできます。これから始めようとするプログラムであれば無記入でも構いません。

 テンプレートの記入例

対象プログラム／コース／科目

名称	機関名／コース名など 日本語教室 in Tateyama ／対話クラス
実施期間	2022 年 4 月 ～ 2023 年 3 月

➡ 参考：7章 7.1

●利用の目的

　当てはまる項目に ✓ を入れてください。複数の項目に ✓ を入れても構いません。

　「利用の目的」を明確にしておくことは重要です。「プログラムの全体像を把握する」「プログラムの現状を記録する」といった目的であれば、現状を思うままに記述すればよいのですが、「問題を特定する」「過去のプログラムを振り返る」といった目的であれば少し批判的に見て記

述するでしょうし、「プログラムについて説明する」のであれば、見せる相手によっては、よりよく書こうと考えるかもしれません。また、「新しいプログラムを作る」のであれば、あるべき理想を書くことになるかもしれません。利用目的を初めにはっきりさせておけば、記述に迷うことが少なくなるでしょう。

　例えば、現場のコーディネーターが経営者に対してプログラムの現状を説明してリソースの補充を要求したいのか、現場の教師グループが内部の研修の一環として利用するのかでは、どこに重点を置いて、どのような書き方をするのかが異なるはずです。

●記入後に見せたい人

　上記の「利用の目的」と関わります。見せたい人をはっきりさせることで記述しやすくなるでしょう。「内部者」には「同僚の教師」「コーディネーター／主任教員」などもあるでしょうし、「理事会」のような組織名を書くことも可能です。「外部者」には「他校の教師（知人）」「ビジネスパートナー〇〇社」「市の国際課職員」などと書けるかと思います。

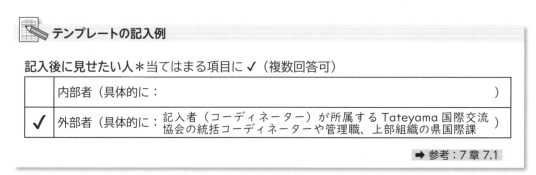

→ 参考：7章 7.1

領域②「社会的背景・プログラムの現状」および「基本理念・使命・目標」（2章）

　図1の②の領域です。ここには、まず、そのプログラムの発展を促進したり抑制したりする要因になるような社会的な背景やプログラムの現状について記述します。そのうえで、プログラムが基本とする理念や使命（ミッション）、目標（期待される成果）などについて記述します。対象プログラムについて具体的に考える前提となる条件を整理する部分です。

　なお、領域②から下に大きな矢印が出ていますが、これは領域②で記述した基本理念、使命および目標が、具体的に領域③〜⑤で展開、実施されるということを示しています。

領域③「リソース（資源）」（3章）

　図1の③の領域です。ヒト、モノ、カネ、情報など、プログラムの運営に使用するリソース（資源）について記述します。いまある現状と、理想的な質・量について併せて記述することもできます。

　なお、「リソース」と「資源」の意味は本来同じですが、日本語では「資源」のほうが頻度の高い語である一方、鉱物資源のような物的資源がイメージされることも多いので、本書では情報や人などを含めたより広い意味で使われることの多い「リソース」を使用します。

領域④「学習・教育の活動内容」（4章）

　図1の④の領域です。言語教育プログラムの具体的な学習・教育の活動内容について書く領域です。プログラムの時間的枠組み（期間・学習時間等）や、活動単位（科目等）の構成、各レベルや各活動単位（科目等）の目標とプログラム全体での目標の関連づけ、主な活動単位（科目等）の特性（媒体、クラスサイズや学習形式、教材、シラバスタイプ、教育方法等）、各活動単位（科目等）での評価の方法、プログラム修了の認定などについて書きます。現場の教師には最も身近な領域であり、言語教育プログラムのすべての関係者が関わる領域でもあります。

領域⑤「実施・運営」（5章）

　図1の⑤の領域です。②、③、④の領域がある時点での静的な〈状態〉あるいは計画された〈結果〉として記述できるのに対し、⑤は「実施・運営」という"システム"の各段階での〈活動〉をいつ、だれが、どのように行っているかを記述する動的な領域です。③のリソースを使って、④の学習・教育の活動内容を、⑤の実施・運営の活動として進めていくということになります。

領域⑥「成果と課題」（6章）

　図1の⑥の領域です。学習・教育の活動（および、その実施・運営の活動）について、振り返りや評価の結果を記述する部分です。矢印が示すように、③④⑤を受けて、また、②で記述した目的・目標に照らして、プログラム実施後の成果が上がったかを確認します。明らかになった問題点・課題についても取り上げます。そして、改善活動をどのように実施しているかを記述します。

領域⑦「PDCAサイクル」[注3]

　図1の⑦の領域です。ここには他領域のような質問はありません。「PDCAサイクル」はPlan（計画）、Do（実施）、Check（振り返り／評価）、Act（見直し）を繰り返すサイクルを指す用語です。これによって、プログラムの計画段階から見直し段階までの繰り返す時間軸として捉えることができます。

　なお、テンプレートには最下部に【記入後の気づき】を記す欄があります。ここには、テンプレート記入後に気づいたことを自由に記述してください。

　ここで言語教育プログラム可視化の一連の流れと領域間のつながりをまとめておきます。
　まず領域①で対象のプログラムを定め、テンプレート使用の目的を設定します。領域②で示すように、社会的な背景（プログラムの促進要因や抑制要因）と現状の認識に基づいて基本理念・使命および目標が定められると思います。
　それらに基づき、領域③④⑤で具体的なプログラムについて記述します。領域③（リソース）に基づいて領域④（学習・教育の活動内容）を計画し、実施し、運営し、評価していくわけで

すが、その一連の活動やシステムが領域⑤に当たります。そして、領域⑥は、領域②で定めた目標が、領域③④⑤の過程で、どの程度達成できたのかを示す段階です。

　そして、この②から⑥までの流れを一段高い視点で簡潔に記したのが領域⑦になります。

　7章では、さまざまな異なるタイプの言語教育プログラムの例を挙げます。各プログラムについて、テンプレートに記入されたことから、どのようなことが可視化されたかを示していきます。記述の例をご覧になれば、一見抽象的なプログラムという概念もより具体的に理解でき、自分の参加しているプログラムについて具体的なイメージを持ってテンプレートの記述ができるかと思います。また、記述の例の中にみなさんのプログラムと類似のものがあれば、それらを対比することにより、プログラムの違いを生み出す要素についてもヒントを得られるかもしれません。

　8章では、評価論などの先行研究を参照しながら、言語教育を「プログラム」というレベルで捉えることの意味を少し深く考えてみます。ご自身の対象プログラムについてテンプレートに記入してから8章を読めば、具体的なイメージを持ちながら理論的側面について考えられます。あるいは、理論的な側面を押さえてから自分の現場について考えたいという方は、この8章から読んでもよいでしょう。

Template 1.3　用語の定義

　いくつかの用語について、本書での定義を示します。「活動単位」といった耳慣れない用語があるのは、地域での日本語教室のような、必ずしも学校という枠組みを持たないプログラムもできるだけ包摂できるような用語を用いるように努めたためです。また、「コース」「カリキュラム」「シラバス」などの多義的な用語の本書での使い方も解説しました。テンプレート記入時に用語について迷ったら、ここを参照してください。

● プログラム

　任意の範囲の学習・教育活動の一連のまとまりを実施・運営するシステムとそのためのリソースの全体。

　「クラス」「コース」などは一般に学習・教育の活動を指しますが、「プログラム」は実施・運営のシステムやリソースを幅広く含みます。ただし、「任意の範囲の」と記すように、大きなプログラムの中にある一部を「（記述対象の）プログラム」として捉えることもできます。柔軟で重層的な概念だと考えられます。例えば、学校の中にいくつかの言語教育プログラムがあり、そこにスタッフやクラスの重なりや連携があるという場合、一つ一つの言語教育プログラムを1つのプログラムと呼ぶこともできますし、学校全体を1つのプログラムと捉えること

も可能です。また、ある時期に担当する、あるクラス（とその運営システムやリソース）だけを 1 つのプログラムと考えることもできます。自治体や企業、NPO などが 1 つ、あるいは複数のプログラムを持っていることもあります。複数の「プログラム」の全体がまた 1 つの大きい「上位プログラム」であるという見方ができる場合もあります。

● **プログラムの基本理念**

あるプログラムにおいて常にそれを目指すよう意識されるべきだとされている、プログラムのあり方、方向性に関する考え方。

● **使命**

あるプログラムにおいて達成すべきとされている重要なことがら。社会的、倫理的価値に基づいて達成すべきだとしていること。

基本理念と似ていますが、使命は達成すべきこととして意識されます。「ミッション mission」と同じですが、この本では「使命」を用います。

● **目標**

基本理念や使命に基づいて定められた、達成すべきことがら。

「ゴール goal」と同じですが、この本では「目標」を用います。プログラム全体として理念や使命に基づき設定される目標を指す場合もありますし、学習・教育の活動でより具体的な到達目標を設定することもあります。また、科目などの活動単位においてさらに具体的に達成すべき細かいことがらを英語で objectives と呼ぶこともあります。goal のほうがより長期的、総合的で、objectives のほうがより短期的、部分的、かつ測定可能なものとされることが多いのですが、いずれも日本語では「目標」と訳すことが多いので、本書では「目標」という用語を用います。

● **対象者（学習者等）**

ある学習・教育プログラムの実施対象である人。

典型的には学校などの教育機関における学習者、学生、生徒などを指しますが、自治体やボランティアなどによる地域住民の相互的な活動への参加者には「学習者」という語は適さない場合もあるため、プログラムの実施対象者をすべて含む語として、この本では「対象者」と呼びます。ただし、「対象者」はサービスを提供する側の視点に立つ語のため、必要に応じて「学習者」などの語も使います。

● **教師／教員**

学校などの教育現場で教育活動を実施する人のこと。

文化審議会国語分科会（2019）は、「日本語教師」を、次に示す「日本語学習支援者」と

区別するため、「日本語学習者に直接日本語を指導する者」(p.19) と定義しています。なお、2023年に成立した「日本語教育機関認定法」により、2024年4月から「認定日本語教育機関」や「登録日本語教員」の制度が始まりました。この制度に基づき「教員」の呼称が使われるケースが増えるかもしれません。

●学習支援者

学習を支援し、促進する活動を行う人のこと。

自治体やボランティアなどによる地域住民の相互的な活動では「教師」という語が適さない場合もあるため、本書では「学習支援者」あるいは「支援者」という語を文脈に応じて使います。文化審議会国語分科会（2019）は「日本語学習支援者」を「日本語教師や日本語教育コーディネーターと共に学習者の日本語学習を支援し、促進する者」(p.19) と定義しています。

●コーディネーター

プログラム・コーディネーターのこと。

プログラムのまとめ役、統括者、調整担当者のことです。日本語学校などでは、「主任教員」などと呼ばれる人が担当しています。文化審議会国語分科会（2019）は「日本語教育コーディネーター」を「日本語教育の現場で日本語教育プログラムの策定・教室運営・改善を行ったり、日本語教師や日本語学習支援者に対する指導・助言を行ったりするほか、多様な機関との連携・協力を担う者」(p.19) と定義しています。

●スタッフ

「事務スタッフ」「運営スタッフ」など。

プログラムの運営に関わる人はみなスタッフですが、本書では、教育スタッフ（教師や学習支援者）以外の人を主に指すことにします。学校や行政においては事務、管理の職員に当たる人がおおむね相当します。

●ステークホルダー

ビジネス活動などにより、直接的に、あるいは間接的に利害が生ずる関係者（利害関係者）。

学校などの場合には、学生のみならず、その保護者や学校周辺コミュニティーの住民、卒業後の採用企業などもステークホルダーとなります。

●活動単位

（学習・教育の）活動の一連のまとまり。

学校教育では「クラス」「科目」「コース」などと呼ばれる単位を指しますが、本書では、学校教育だけでなく、例えば自治体やボランティアによって運営されている言語学習の場も含み、そこでは学校教育で使われる語が適さないこともありますので、ここでは「活動単位」と呼ぶ

ことにします。

● コース

　特定の目的のために、一定の期間に設定される一連の学習・教育活動。

　一般には学校における科目を「コース」と呼ぶ場合と、科目を組み合わせたまとまりを「コース」と呼ぶ場合があり、幅広い使われ方をしています。「総合コース」「進学者対象のコース」「1年コース」のように使うことが多いようです。この本では混乱を避けるため、「科目」「プログラム」などの別の語が使える場合はそれを使います。

● カリキュラム

　計画された学習・教育活動を体系的にまとめた課程、また、それを表す科目表や時間割などのこと。

　広い意味では、「かくれたカリキュラム」のように意識されない学習まで含めた学習・教育活動の全体を指しますが、本書では、主に「課程」や「科目表や時間割」の意味で使います。

● シラバス

　「授業計画表」または「学習項目一覧」のこと。

　大学などの学校教育現場では、ある1つの活動単位（科目等）について目標、スケジュール、評価方法などを含めて記述されたもの（「授業計画表」）を指すのが一般的です。第二言語／外国語教育の文脈では、特に学習内容の細目を一覧にしたもの（「学習項目一覧」）、または、その配列の基準・タイプを「場面シラバス」「機能シラバス」「話題（トピック）シラバス」「文法シラバス」のように呼ぶこともあります。

　本書では、この2つの意味の混同を避けるために、内容に応じて「シラバス（授業計画表）」「シラバス（学習項目一覧）」のように表示します。

● 評価

　いろいろな意味で使われる語ですので、注意が必要です。以下、大きく2つに分けて説明します。

　○ **学習・教育の成果の評価**

　　学習・教育の成果についての評価。

　　試験、レポートなどの成果物、観察など、さまざまな材料・方法で行われます。その目的は、学習をする人自身や教師／学習支援者のための診断であることもあれば、成績をつけて社会的な意味を持たせる場合もありますし、次に述べるプログラム評価の一部にもなります。

○ **プログラム評価**

プログラムに対する評価。

評価の対象はプログラムのすべて、もしくはその任意の一部です。プログラムが定めた目標がどの程度達成できたのか、どこがうまくいって、どこがうまくいかなかったのかなどを評価します。学習・教育の成果ももちろん問われますが、教育方法や評価方法自体も評価の対象になりますし、さらにはリソースの利用、実施・運営のプロセスなど、なんでも評価の対象になり得ます。目的も現場の改善のためであることもあれば、組織内部でのコミュニケーションのためであったり、外部に示すためのものであったりします。

本来のプログラム評価は、論理的な枠組みのもとで厳密な測定手法を用いて行われ、かつ価値判断を伴うものですが、本書のテンプレート記述の際には、プログラム評価の専門的な技法を用いなくても問題ありません。そのため、領域⑥や領域⑦「Check」では、自己点検チェックリストなどを用いた一般的な振り返り活動も含めて、「振り返り／評価」という表現を用いています。詳しくは、6章のコラム「プログラム評価と業績測定」を参照してください。

[注]

1 札野ほか（2015）、および、徳永ほか（2016）を参照。
2 Version3.2 に至るまでに開発してきた「言語教育プログラム可視化テンプレート」の各バージョンについては、以下のサイトを参照。
http://www17408ui.sakura.ne.jp/tatsum/project/Pro_Ken/contents.html（2023年4月5日閲覧）
3 提唱者の名前から Deming サイクルとも呼ばれます。Deming（1994）は、それまで用いてきた Check のかわりに Study を用いて「PDSA サイクル」と呼びかえましたが（pp.131-133）、本書ではより広く用いられている PDCA を用います。

[参考文献]

Deming, W. Edwards. (1994). *The New Economics for Industry, Government, Education* (2nd ed.). MIT Press.

徳永あかね・大河原尚・遠藤藍子・小池亜子・菅谷有子・田中和美・中河和子・札野寛子・ボイクマン総子・松下達彦・古川嘉子 (2016).「自分の関わる日本語教育プログラム像を描いてみよう:プログラム可視化テンプレート試用版を用いて」『2016年度版日本語教育学会実践研究フォーラム予稿集』(pp.66-74) 日本語教育学会.

札野寛子・松下達彦・大河原尚・遠藤藍子・小池亜子・菅谷有子・鈴木秀明・田中和美・徳永あかね・ボイクマン総子 (2015).「日本語教育プログラム可視化テンプレート開発:プログラム構成要素と記述枠組みの検討」『2015年度日本語教育学会秋季大会予稿集』(pp.367-368) 日本語教育学会.

文化審議会国語分科会 (2019).『日本語教育人材の養成・研修の在り方について(報告)改訂版』
https://www.bunka.go.jp/seisaku/bunkashingikai/kokugo/hokoku/pdf/r1393555_03.pdf　(2024年8月18日閲覧)

Check ☑

- ☐「言語教育プログラム可視化テンプレート」の目的が理解できましたか。
- ☐ 本書の目的が理解できましたか。
- ☐「言語教育プログラム可視化テンプレート」の構成と本書の構成の対応や、本書の流れが理解できましたか。
- ☐ 本書で使われる用語の定義が理解できましたか。

Next Step

- 自分が関わっている教育プログラムについて、「言語教育プログラム可視化テンプレート」に記入してみましょう。まずは書きやすいところから記入して、記入しにくいところがあるとすれば、それはなぜなのか、考えてみましょう。
- この「言語教育プログラム可視化テンプレート」が何で構成されていて、なぜこのような配置になっているのか、記入しながら考えてみてください。

Memo

2章 言語教育プログラムの社会的背景・現状 および基本理念・使命・目標

あるあるトーク　「未来を拓く日本語」ってなに？
［日本語学校の中堅教師同士の会話］

A：うちでは「未来を拓く日本語」を売りにしてるけど、「未来を拓く日本語」って何なのか、最近わからなくなってきたなぁ。

B：前は中国や韓国から来る学生が多くて、とにかく2年で大学に入れるアカデミック・ジャパニーズって感じだったけど、最近は東南アジアとかいろいろなところから来るようになったよね。

A：そう、大学じゃなくて専門学校の、観光とか情報とかアート系のコースみたいな、実学的なところを目指す人も増えたよね。

B：そうだね。私たちも学生の将来をもっと具体的に考えて教えていかなくちゃね。

本章の概要

本章では、テンプレート上部の【社会的背景・プログラムの現状】と【基本理念・使命・目標】の領域に注目します。PDCAサイクルのP（＝Plan 計画）の段階です。

2.1【社会的背景・プログラムの現状】では、言語教育プログラムが社会的な状況からどのような影響を受け、そのプログラムがどのようなニーズに応えるものなのか、また、法律や規制などによってどのような制約を受けているのかを確認します。ここで必要なのは、自分の関わる言語教育プログラムを、現状を見るだけではなく、何のために、あるいはどうしてそのプログラムが生まれたのか、より大きな視点で捉えることです。さらに、いろいろな活動を企画していくうえで認識しておかなければならない制約や条件も見ていくことです。

2.2【基本理念・使命・目標】では、みなさんが関わる言語教育プログラムがどのような教育理念や使命を担っているのかを確認します。そして、2.1 で記述した内容を踏まえたうえで、そのプログラムの目標を書き出します。ここで書いた目標は、6章の「成果と課題」部分の、どの程度達成できたか、どのような改善が必要か、につながっていきます。

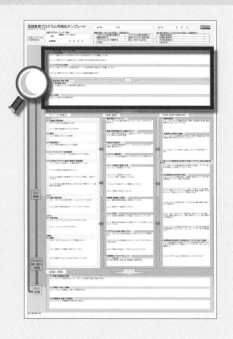

Template この章で取り上げるテンプレートの質問

2.1 社会的背景・プログラムの現状

- 2.1.1 社会的背景
    - 2.1.1.1 対象プログラムは内外のどのような社会状況あるいはニーズと関連しているか
    - 2.1.1.2 対象プログラム実施にあたり、考慮すべき社会的条件や制約があるか
- 2.1.2 プログラムの現状
    - 2.1.2.1 対象プログラムには社会状況やニーズ、社会的条件や制約がどう影響しているか
    - 2.1.2.2 （既存プログラムの場合、）どのような実績や課題があるか

2.2 基本理念・使命・目標

- 2.2.1 基本理念・使命
    - 2.2.1.1 対象プログラムの基本理念・使命は何か
- 2.2.2 目標
    - 2.2.2.1 目標や下位目標は何か

Template 2.1 社会的背景・プログラムの現状

2.1.1 社会的背景

　経済状況や政策[注1]などによる社会状況の変化が、学習者の言語学習への動機づけやニーズに変化をもたらすことがあります。その結果が、言語教育プログラムを作ろうという社会的な動きになったり、プログラムの内容の改編につながったりもします。

　このような変化の中にあって、言語教育プログラムに関わる者には、自分が関わっているプログラムの置かれている状況を、歴史的経緯や内外の情勢との関わりや、そこから出てくる学習者のニーズなどに重ね合わせて捉える目が必要とされるのではないでしょうか。

　ここでは、言語教育プログラムを推進する要素と制約を与える要素を社会的背景として整理します。

2.1.1.1　対象プログラムは内外のどのような社会状況やニーズと関連しているか

　言語教育プログラムの運営は、原則として、その機関や組織の基本理念ないし教育方針や経営方針に沿って実施されますが、それを取り巻く国内外の社会状況によって変化を余儀なくされることがあります。そもそもそのプログラムの創設も社会の動きと無縁ではないはずです。みなさんが関わっている対象プログラムの創設はいつ頃だったでしょうか。その創設の時期に国の内外がどのような状況にあったかを見てみましょう。

　日本語教育の歴史を振り返れば、日本が経済大国として現在以上に注目されていた1990年代初頭までは、日本語学習の目的が事実上就労である就学生も少なくありませんでしたが、一方で、先端的な科学技術や高度経済成長をもたらした企業経営などに注目する学習者も多くいました。その後、日本が経済的には停滞していく中で、アニメやJ-POPなど、日本のサブカルチャーに注目する学習者が爆発的に増え、むしろ文化の理解を目的とする学習者が増えました。このように社会は変化してきましたし、これからも変化していきます。それが学習者の変化につながります。

　ここでは、対象プログラムがどのような社会的な状況やニーズと関わっているか記述してください。

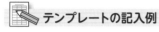 テンプレートの記入例

● 地域日本語教室の場合
　1）外国人定住者（地域での生活者）の増加に伴う、地域での多文化共生の必要性。
　2）日本語教育推進法（2018年施行）により、地域における日本語教育の推進が各自治体の責務となった。

　　　　　　　　　　　　　　　　　　　　　　　　　　　→ 参考：7章7.1

● 進学中心の日本語学校の場合
　創設（2012年）当時は学生の大半が中国人だったと聞いている。これは北京オリンピック（2008）前後から急速に経済発展した中国で子どもを海外に留学させる風潮が高まったことと関連していたようだ。創始者の一人が中国出身だったこともおそらく関係しているだろう。

　　　　　　　　　　　　　　　　　　　　　　　　　　　→ 参考：7章7.2

● 大学の留学生別科の日本語プログラムの場合
　1983年に打ち出された留学生10万人計画、2008年の30万人計画に呼応する形で国内的には留学生受け入れ政策が加速した。同時に、海外からは日本の大学や大学院への留学に対する期待が膨らんだ。こうした流れを受けて、本大学にも1990年春から進学予備教育の受け皿として、留学生別科が開設された。

　　　　　　　　　　　　　　　　　　　　　　　　　　　→ 参考：7章7.4

2.1.1.2　対象プログラム実施にあたり、考慮すべき社会的条件や制約があるか

　言語教育プログラム実施にあたっての社会的条件や制約とは、具体的にどのようなことを指すか、いくつか例を挙げてみましょう。なお、予算や人員などのリソース（資源）の制約は次の3章で取り上げます。

　入門レベルのプログラムでは、学習者の出身などの外的条件で教えるべき内容が変わることは少ないかもしれません。しかし、学習者の母語ないし理解言語が変わると、使用テキストや補助教材の構成が変わることがあります。また、こうした教科面ばかりでなく、出身国の事情や背景に対しての配慮が求められることが少なからずあります。例えば、出身国の学年度（Academic Year）の開始時期が日本の学校と異なることから、学習の開始時期を複数設けたり、あるいは学習者の経済的、宗教的な事情に配慮して学校行事の日時や内容を調整したりするなどです。このような学習者の外的要件は社会的条件や制約の一つです。

　日本国内の日本語学校では学習者の進路に社会的条件が関わっています。従来は、日本語学校を卒業して、日本の大学や大学院あるいは専門学校への進学を目指す者が主流でしたが、近年は大卒で来日して、日本語学校卒業後は日本での就職を希望する者も少なくありません。その背景には、2019年に入国管理及び難民認定法（入管法）が改正されて「特定技能」の査証（ビザ）が創設されたこと、すなわち日本語能力試験のN4レベル相当の日本語能力を備えて特定

技能評価試験に合格すれば就職が可能になったという日本国内の事情があります。こうした学習者の学習目的やその背景にある状況も社会的条件や制約に該当します。

それからプログラム運営においては、教員ばかりではなく事務職員などの管理スタッフも考慮すべき条件となります。例えば、日本国内の日本語学校では、以前は英語ないし中国語ができる日本人なら学生管理や渉外のスタッフとしてほぼ用が足りていました。しかし近年は、法務省の「日本語教育機関の告示基準解釈指針」で、適切な生活指導を行う体制にするには「生徒の母語あるいはその他十分に意思疎通ができる言語による対応ができる者」を確保することが求められるようになり、学生募集対象地域の言語の母語話者で、かつ日本語か英語で対応できるスタッフが採用されるようになってきています。

一方、国外に目を移すと、現地で学習者をスカウトして学校に紹介するエージェント（代理人／仲介業者）と呼ばれる人たちがいて、彼らの腕次第で入学者の数が増減するという現実があります。こうした人々と適切な関係性の構築が望まれる状況も社会的条件と言えます。

さらなる社会的条件として、国の施策や国際情勢があります。日本語教育機関で日本語を学ぶためには、出入国在留管理庁（入管）で留学査証（留学ビザ）を取得しなければなりません。そこで、海外在住の入学希望者に代わって志望先の日本語教育機関が所在地域の入管に在留資格認定証明書交付申請（ビザの申請）を行います。ビザの査定は入管によって厳格に行われますが、その際、志望者自身についてのみならず、出身国の状況や日本の国内情勢や世界情勢も加味されていると見られます。このように、学習者が関係する国内外の状況は外すことのできない社会的条件となっています。

また、地域の日本語教室の場合、日本語学習を希望する人がいて、その人たちを支える日本語教師や学習支援者がいることで教室がスタートします。そこでの日本語の習得がその人の地域コミュニティーへの参画を促し、多文化共生の基盤が作られていきます。こうした教室の継続のために求められる人材や組織、場所、財源の維持・確保などの状況も社会的条件となります。

突発的な大きな事象がプログラムの事情に影響を与えることもあります。その例として、まず2011年3月11日に発生した東日本大震災が挙げられます。東日本大震災は、被災地域及び首都圏の日本語教育機関の学習者層に少なからぬ変化をもたらしました。地震に伴う原発事故が世界各国で大きく報道され、日本国内の留学生の大多数を占めていた中国や韓国では、放射能の影響を危惧して日本への留学を控えるケースが多く、入学者が大幅に減少した学校が少なくありませんでした。そうした機関では、海外での労働力事情の波も受けつつ、中国を主とする欠員を補う形でベトナムやミャンマー、バングラデシュ等、東南アジアの国々からの留学生、すなわち非漢字圏の留学生が急増しました。このような学習者の背景、換言すれば母語・母文化の変化は、ニーズの多様化をもたらし、教授法や教材、シラバスやカリキュラム、また進路指導の内容について対応を迫られました。

プログラム実施に関わる社会的条件・制約の例として、ここでもう一つ見ておきたいのが2019年末に始まった新型コロナウイルス感染症（COVID-19）の影響です。COVID-19の蔓延により、全世界の人々がさまざまな面で大きな試練に立たされ、世の中の在り方に多大な

変化をもたらしました。日本語教育界も大きな影響を受けました。国境を越えた人の移動の停止や制限で学習者が激減したために経営危機に陥った日本語学校も少なくありません。また、多くの機関が感染予防のために対面授業ができなくなるなど、予期せぬ変化に見舞われました。

　以上の例からもわかるように、言語教育プログラムは、それをとりまくさまざまな社会状況の下にあります。みなさんが関わるプログラムで何が考慮すべき条件や制約となっているかを考えてここに書きましょう。

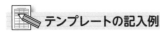
テンプレートの記入例

● 地域日本語教室の場合

　わが県のように外国人が県の各地に散在しているところでは、外国人の生活問題が潜在化しており多文化共生の必要性自体認識されていない所が多いため、その必要性の啓発から始めねばならない。

➡ 参考：7章 7.1

● 進学中心の日本語学校の場合

　わが校には多様な国籍・文化・宗教の学習者が集まっているので、お互いに他国・他文化・他宗教を尊重し合うことが強く求められる状況にある。そこで異文化理解の具体的な場として、自国の社会・文化の情報をスライドにまとめ、日本語で発表する会を年に複数回開催している。

➡ 参考：7章 7.2

● 大学の留学生別科の日本語プログラムの場合

　日本とアジア諸国との関係の変化に左右されることが多く、上海事件、尖閣諸島帰属、竹島問題などの国際問題や、日本および留学生の国々の外交政策や、東日本大震災、福島原発事故など国内的な災害が、募集に大きく影響する。

➡ 参考：7章 7.4

2.1.2　プログラムの現状
2.1.2.1　対象プログラムには社会状況やニーズ、社会的条件や制約がどう影響しているか

　ここでは、2つの出来事を例に、社会状況やニーズ、考慮すべき社会的条件や制約が日本語教育の現場にどう影響したかを見てみます。

　一つは、2008年に日本政府が打ち出した「留学生30万人計画」、すなわち2020年までに30万人の留学生の受入れを目指すという計画です。これにより、国の数値目標の達成を目指す過程で、留学生の多国籍化・多地域化が進みました。具体的には、中国や韓国、台湾などの漢字圏留学生の割合が下がり、ベトナムやネパール、インドネシア、スリランカ、ミャンマーなどの非漢字圏留学生の割合が高まりました（日本語教育振興協会, 2019; 日本学生支援機構, 2022）。これが、2.1.1.1で述べた非漢字圏の学生向けの教材の使用や非漢字圏の母語ができ

るスタッフの配置などにつながったわけです。また、大学では短期留学生を増やすため、英語で単位の取れる留学プログラムが増え、日本語教師も英語での対応を要求されることが増えました。

　もう一つは、2020年からの新型コロナウイルス（COVID-19）感染症の世界的蔓延です。その状況下では、多くの機関が感染予防のために対面授業ができなくなりました。その制約によって、ICT（情報通信技術）を用いたオンライン授業が一気に浸透しました。それまで絵カードやレアリアなどの具体物を用いて行ってきた場面や状況の提示、あるいは課題の提示・回収・チェック・フィードバック、テストの実施・採点など授業活動のさまざまな面においてICTが使われるようになりました。

　以上に挙げた例に限らず、日本や世界で大きな出来事があったり、社会的な状況が変化したりした場合、それがみなさんの言語教育プログラムにどう影響し、それにどう対応したか／しているか、チェックしてみましょう。

 テンプレートの記入例

● **進学中心の日本語学校の場合**

　高等教育機関への進学を目指す者には在学中にJLPTのN1ないしN2の取得が必須で、受験勉強のためのクラスを設けている。一方、最近は在学途中に特定技能のビザに切り替えて就職を狙う学生も出てきている。こうした学生の多様化に応えるためにも適切なクラス分けが求められている。

➡ 参考：7章 7.2

● **大学の留学生別科の日本語プログラムの場合**

　1983年に打ち出された留学生10万人計画、2008年の30万人計画に呼応する形で国内的には留学生受け入れ政策が加速した。同時に、海外からは日本の大学や大学院への留学に対する期待が膨らんでいった。この時期に、特に中国を中心としたアジア諸国からの留学生受け入れのための日本語教員養成講座ができ、並行して進学予備教育の受け皿として、1990年代前半より留学生別科として開設された。

➡ 参考：7章 7.4

2.1.2.2 （既存プログラムの場合、）どのような実績や課題があるか

　みなさんが関わっているプログラムが、ある程度続いているものであれば、その実績については、同僚・先輩・関係者などの話を聞いたり、当該機関の諸記録を調べたり、ネット検索したりすることでわかるでしょう。もちろん自分がその実績を作ってきた当事者という場合もあるでしょう。それらの成果を具体的に記述してください。

テンプレートの記入例

● 進学中心の日本語学校の場合

　本校では、中級以降の発話力が伸び悩む傾向があり、正確さに欠ける学習者が少なくないことから「正しく話そう／たくさん話そう」という年間目標をかかげたら、各教師がその目標を意識して指導を行った。どのクラスでも、自分の発話だけでなく、友達の発話の正確さにも意識が向くようになってきた。結果として、各学習者に発話の質・量を意識させる機会が増えて、どのクラスも学期ごとに長く話せる学生が増加した。

➡ 参考：7章 7.2

● 大学の留学生別科の日本語プログラムの場合

　昨年度は全員進学することができた。大学進学ができなかった者もいたが、専門学校に進学できた。年によっては中途退学する学生や進学を断念して帰国する学生もいるが、今回は中途退学する学生がいなかったことで、ほぼ100％目標を達成できたと考える。

➡ 参考：7章 7.4

Template 2.2　基本理念・使命・目標

　ここでは、2.1で確認した対象プログラムの「社会的背景・現状」を念頭に置きながら、「基本理念・使命・目標」を確認します。手順としては、「基本理念・使命」を確認し、それを具現化するための対象プログラムの「目標」を整理し、改めて考えます。

2.2.1 基本理念・使命
2.2.1.1 対象プログラムの基本理念・使命は何か

「基本理念」と「使命」はどちらも言語教育プログラムの根幹を成すものです。

基本理念というのは、それぞれの組織や機関が存在する理由や意味、または、その目的を表したもので、それは組織や機関の設立の趣旨、あるいは根底にある思想や価値観が色濃く反映された「あるべき姿」が映し出されたものです。

使命というのは、その基本理念を実現するための、その機関や組織、それに関与する個々人に課せられた責務です。達成しようとする事がら・目指す行動（＝使命）の指針・拠り所とするものが基本理念であるともいえます。

すなわち、「基本理念」というのはあるべき姿を描いたもので、「使命」というのはあるべき姿を実現するために達成すべきことです。表現のしかたとしては、前者は静的に捉えた表現、後者は動的な行為として捉えた表現という違いがあります。

このように、「基本理念」と「使命」とは本来表裏一体の関係にありますが、機関や組織によっては両者を明確に分けていないこともあるでしょう。その場合は、そのまままとめて記述しても構いません。みなさんの対象プログラムの「基本理念」や「使命」はどのようなものでしょうか。

機関や組織の多くは、この「基本理念・使命」に該当する部分がホームページやパンフレット等の資料に明文化されています。例えば、ある大学の建学の精神に「真の国際人の育成を目指し、世界で活躍する人材を輩出する」と記され、その大学の附属機関である留学生センターのページには「他国の文化を理解・尊重し、互いに高め合う人材の育成」と記載されているとします。対象プログラムが大学の附属機関の留学生センターの場合、大学全体にかかる建学の精神か、あるいは留学生センターに記載されている文言のどちらを「基本理念・使命」の欄に記載するかは、どの範囲を対象プログラムとして記述するかによって異なりますので、適宜、判断してください。

なお、対象プログラムの「基本理念・使命」がホームページなどに明文化されていない場合、わかる人に尋ねたり、プログラムの関係者間で対象プログラムの「基本理念・使命」が何かを話し合ったりして記述してください。

みなさんが「基本理念・使命」について話し合う際、「私たちが関わっているプログラムは何のために存在しているのか、社会的にどのような存在意義があるのか」という問いを出発点とし、各自がその答えを書き出してみることも一つの方法です。

ここに記述する「基本理念・使命」は、次の2.2.2「目標」を記述する際に必要となります。

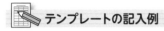テンプレートの記入例

- **日本語教育サービスを提供する会社の場合**

    「あなたのニーズに言葉のプロが100％お応えします」
    →通訳、翻訳、日本語指導など、企業が抱える業務や社員の言葉に関する困りごとを個別に聞き、カスタマイズで解決することを会社の使命としている。

    ➡参考：7章7.3

- **大学の留学生別科の日本語プログラムの場合**

    人に対して温かい愛情を持ち、人間の尊厳を尊重し、地球市民として人々と協同し人類の平和と共存に資する人を養成する。

    ➡参考：7章7.4

- **理系の大学院の日本語プログラムの場合**

    日本での研究生活が円滑に行われるように、研究生活を保障する一環として日本語教育も位置付けられている。

    ➡参考：7章7.5

- **海外の大学の日本学専攻の日本語プログラムの場合**

    All our students gain in depth knowledge of the history and culture of the region of their choice, expanding their horizons and learning to think in new and exciting ways both in the classroom and through real-world engagement.

    ➡参考：7章7.6

2.2.2　目標

2.2.2.1　目標や下位目標は何か

　ここでは、2.2.1で検討した基本理念と使命を踏まえて、対象となる言語教育プログラムの中でどのような具体的な言語教育活動の目標が設定されているかを書き出してみましょう。

　基本理念と使命は、抽象的に述べられていることが多いものですが、現場に関わる人には実際に何を目指してどのような活動をすればいいのか、その活動によってどのような成果が実現できればいいのかを具体的に示したものが必要です。それがここで言う「目標」です。したがって、目標は本来、基本理念と使命につながっているものなのです。

　目標が明確になれば、現場では具体的な学習・教育活動をデザインし実施することができます。そして、プログラムを実施していく過程や終了時に、その目標の達成度を振り返り評価することで、新たな課題を見いだすことが可能となり、改善や問題解決へとつなげることができます。

　ただし、プログラムの全体に関わる大きな目標は抽象的に述べられていることもあるため、それをさらに具体的に、あるいはコースごとに詳述した下位目標などが必要になる場合があり

ます。その際、現場のより具体的な下位目標とプログラム全体を包括した上位の目標がつながっているかどうかを検討することも大事です。

それでは、まず対象プログラムについて目標がどのように設定されているのか、いくつか例を見ていきましょう。

1つ目は日本語学校の例です。ある日本語学校には、進学を目的とした「進学2年コース」というプログラムがあり、このプログラムにおける基本理念は、「学習者が真の日本語力を身につけて、自身の夢と目標を実現させるように全面的に支援すること」となっています。そこで教師が担う使命として「進学希望者全員が大学・大学院、もしくは短大・専門学校へ進学できるようにすること」と設定されています。この場合「進学に必要な日本語力を身につけること」が目標の一つになります。そして、下位目標としては「入学試験で必要とされる語彙・漢字・文法などの基本的な日本語の知識を習得する」や、「進学後に必要となるレポートや発表での表現技能を習得する」などが挙げられます。

2つ目は、ある地域の日本語教室の例です。その教室の使命は、地域で暮らす外国人が日本語を学ぶことで日本人／日本社会との接点が持てること、また、日本語を媒介とした対話活動によって相互理解が促進され、外国人と日本人の両者にとってよりよいコミュニティーが実現できるようにすることです。その使命を達成するために設定された目標の一つが「より多くの参加登録者に出席してもらうこと」です。この教室の場合、参加者が増え、対話活動が増えることが、その使命を達成することにつながっているのです。また、「日本語を使う機会が増えること」「日本語で親しく話せる人ができること」「役所の手続きや病院での日本語に困らなくなること」「子どもの学校との連絡が日本語でもできること」などもプログラムの下位目標となります。

3つ目は、ある大学院の例です。近年、日本では、英語で学び、研究し、学位が取得できる大学や大学院などが、特に科学・技術分野においては増加しています。しかし、現実には日本での留学生活のさまざまな局面で日本語が使用されていることから、日本語が理解でき、文化や社会への理解が深まれば、より豊かな留学・研究生活を保障することができます。その大学院に設置された日本語教室の使命は、日本での研究生活が円滑に行われ充実したものになるようにすることであり、研究生活を保障する一環として日本語教育が位置づけられています。その使命を実現するための目標として、(1)研究生活を支える日本語教育の実施、(2)日本文化や社会への理解を促進、(3)留学生相互および日本人との交流が挙げられています。そして、より具体的な下位目標としては①日本語での基本的なコミュニケーション能力（話す・聞く・読む・書く）を習得する、②初級レベルからアカデミックなコミュニケーション力へつながる学習への意欲を高める、③日本社会探訪の機会を通して日本文化や社会への理解を深める、④留学生相互および留学生と日本人学生との交流や親睦を深める機会を設ける等が設定されています。

その他、以下の記入事例も参考にしてください。

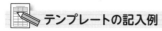 テンプレートの記入例

● 日本語教育サービスを提供する会社の場合

　目標：ビジネスや介護や医療現場で働く外国人に必要な日本語とコミュニケーション能力を効率的に伸ばす。
　下位目標：・さまざまなレベルの外国人が必要とする日本語を磨きます。
　　　　　　・日本語だけでなくビジネスマナーや敬語の運用力も伸ばし、会社で起こり得る場面を想定して適切に対応できるスキルを伸ばします。

　　　　　　　　　　　　　　　　　　　　　　　　　　➡ 参考：7章 7.3

● 大学の留学生別科の日本語プログラムの場合

　本学の理念「人に対して温かい愛情を持ち、人間の尊厳を尊重し、地球市民として人々と協同し人類の平和と共存に資する人を養成する」に照らして、留学生が日本のさまざまな分野へ進学できるよう日本語および進学に必要な基礎科目を学ぶと同時に、日本文化・日本社会事情を学び、学部生との交流を通して体験的に異文化を学びあう。具体的には、留学生それぞれのレベルに応じたクラスで希望する進路に進学できるようにする。

　　　　　　　　　　　　　　　　　　　　　　　　　　➡ 参考：7章 7.4

● 海外の大学の日本学専攻の日本語プログラムの場合

　高度な日本語運用力をもった知日派、日本通の育成。国による大学の質の管理方針で、大学で語学を専攻した場合は、CEFRのC1レベルを目標とすると明文化されている。

　　　　　　　　　　　　　　　　　　　　　　　　　　➡ 参考：7章 7.6

　以上のように、この領域への記入に際して、すでにプログラムとして実施されているものについては、何を目標に据えて行っているプログラムなのかを、現状の活動内容から考えてみましょう。目標が明示されていない場合は、ホームページやパンフレットの基本理念や使命などを手掛かりにして、考えて書き出してみましょう。あるいは、プログラムの運営を担う上司や同僚、事務スタッフやその他の関係者に聞いてみるのもいいでしょう。

　一方、これから新たに立ち上げるプログラムの場合は、まず、なぜそのプログラムを立ち上げることになったのかという社会的背景や状況、ニーズなどから引き出されたプログラムの基本理念や使命をもう一度確認しましょう。そのうえで、社会の成員としてプログラムに関わる一人ひとりがどのような社会を作りたいのか、そのプログラムでどのような人を育てたいのかを考え、与えられた社会的条件や組織の制約の中でどう実現していくのか、そのためにどのような目標を設定していけばいいのかを考えてみましょう。

[注]
1 日本語教育分野では、21世紀初頭に留学生数を当時のフランス並みに増やすことを目指して1983年から始まった「留学生受入れ10万人計画」や、2020年までに留学生を30万人以上にすることを目指して実施された「留学生30万人計画」、また、2018年の在留資格「特定技能1号」「特定技能2号」の創設などがその例として挙げられます。

[参考文献]
日本語教育振興協会 (2019).「日本語教育機関の概況」
　　https://www.nisshinkyo.org/article/pdf/20190215s.gaikyo.pdf (2024年3月20日閲覧)
日本学生支援機構 (2022).『2021（令和3）年度　外国人留学生在籍状況調査結果』
　　https://www.studyinjapan.go.jp/ja/_mt/2022/03/date2021z.pdf (2024年3月20日閲覧)

Check ☑

- ☐ 社会的状況やニーズの欄には、対象プログラムが社会の変化や内外の出来事とどう関連しているかがわかるように書いていますか。
- ☐ プログラムの現状について、社会の動きが自分たちのプログラムにどう影響するかという視点で書いていますか。
- ☐ 記述した教育理念・使命は、社会的文脈での制約や条件も加味されたものですか。
- ☐ 記述した教育理念・使命は、短期的なものではなく、中長期的な視点から、組織の存在理由を表したものですか。
- ☐ 目標は、社会的背景や状況とつながる基本理念・使命を反映していますか。
- ☐ 目標から具体的な学習や教育活動がイメージできますか。

Next Step

- 対象者（学習者等）の背景やその学習目的などが変わってきていますか。変化している場合、その変化がどうして起こってきているのか、日本語教育の社会的な役割などの観点から考えてみましょう。
- 対象者（学習者等）の背景や学習目的は、みなさんのプログラムや自身の在り方とどのようにつながっているでしょうか。
- みなさんの関わっているプログラムでは、関係者間で基本理念・使命・目標が共有されているでしょうか。共有されていない場合は、もう一度原点に立ち返って話し合ってみることは可能でしょうか。

Memo

3章 言語教育プログラムのリソース（資源）
— ヒト・モノ・カネ・情報 —

あるあるトーク　**私たちで引き継ぐの!?**
［大学の国際教育センターの日本語教員同士の会話］

A：今年度でCさんがご退職ですが、予算の都合で新しい人は雇わないらしいですよ。
B：えっ！　Cさんが担当している短期プログラムはどうなるんですか？
A：経営陣の会議で、短期プログラムは継続、Bさんと私とで担当するそうです。
B：えー、本当ですか？　他の業務で手一杯なのに、準備の時間が足りませんよ……。
A：そうですよね。具体的なこと、知らないことばかりですからね……。

本章の概要

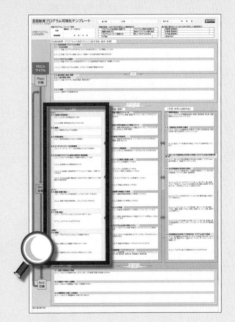

　本章では、テンプレートの【リソース（資源）】領域に注目します。言語教育プログラムは、ヒト・モノ・カネ・情報といった各種リソースを組み合わせて、運営されています。

　まず、冒頭で【リソース（資源）】とは何かを述べてから、3.1 から 3.4 で「ヒト（関係者）」について詳しく見ていきます。ヒトは対象者（学習者等）から組織まで広く論じていますが、これは結果的に言語教育プログラムのヒトの重要さを表したものと言えるでしょう。3.5「その他のプログラム運営の関係者・関係組織」では、プログラム（事業）の立ち上げや存続に関わるさまざまな立場の人や組織について説明します。

　次に、3.6「モノ」、3.7「カネ」、3.8「情報」では、プログラムの目標達成に必要な物的資源や情報について、現状を把握し、何を、どのように活用すればよいのか、また何が不足しているのかなどを考えます。

　ヒト・モノ・カネ・情報という各種リソースに対する理解を深めることで、教室内外から自身のプログラムを認識することにつながり、現場でさまざまな問題が起こった場合にも、なぜ、そのような問題が生じたのかを検討する際に、多面的に見ることが可能になるでしょう。

　この領域は、PDCA サイクルの P（= Plan 計画）の段階です。

Template この章で取り上げるテンプレートの質問

【ヒト】

3.1 対象者（学習者等）
3.1.1 どのような対象者がいるか
3.1.2 背景・特性等はどのようなものか

3.2 教師
3.2.1 教師はどのような役割か

3.3 学習支援者
3.3.1 学習支援者はどのような役割か

3.4 コーディネーター・主任教員等
3.4.1 コーディネーター・主任教員はどのような役割か

3.5 その他のプログラム運営の関係者・関係組織
3.5.1 どのような立場の人や機関が関係しているか
3.5.2 決定権のある関係者はだれか
3.5.3 上位組織と言語教育プログラムはどう関係し、位置づけられるか
3.5.4 その他の組織・関係者には何があるか（事務スタッフや組織外の関係者等）

【モノ】

3.6 施設・設備・備品
3.6.1 プログラムの対象者用に、どのようなモノがあるか
3.6.2 教師・学習支援者用に、どのようなモノがあるか

【カネ】

3.7 予算・資金
3.7.1 プログラムにはどこからカネが来ているか
3.7.2 どのぐらいカネがかかるか

【情報】

3.8 情報
3.8.1 プログラムにはどのような情報があるか
3.8.2 情報はどの範囲で共有されているか
3.8.3 情報はどのような方法で共有されているか

経営学者の吉村孝司は、経営資源を企業が事業を展開するうえで必要とされる資源の総称であるとし、ヒト・モノ・カネ・情報の4つの要素からなる（吉村, 1994, p.82）と説明しています。ヒト（人的資源）は、組織の中にいるさまざまな人々を指し、モノ（物的資源）は、企業での活動を行ううえで必要となるさまざまなものを指します。カネ（財務的資源）は、企業を立ち上げる際や企業経営を継続する際に必要な資金で、情報（情報的資源）は、経済・社会の動向、顧客のニーズ、技術、ノウハウ、企業文化や風土など多岐にわたるものです。

　言語教育プログラムを実施・運営する際にも、企業経営などと同様にヒト・モノ・カネ・情報の4つの要素が必要で、これらを経営資源として捉えることが可能です。新たにプログラムを立ち上げることを例にとりましょう。言語教育プログラムを立ち上げる準備段階においては、ヒト・モノ・カネ・情報がまだプログラム内部に蓄積されていないため、教員を採用する、備品や教材を購入するといったように、さまざまなリソースを新たに外部から集めてくる必要があります。その後、時間の経過とともに、プログラムが継続していくにつれ、さまざまなリソースが内部に蓄積されていきます。例えば、経験を積んで成長した教師やプログラムの対象者に適した教材・教具の選択のノウハウ、対象者に応じて設定されたカリキュラム、授業の引継ぎノートなどです。

　以下、言語教育プログラムのリソースであるヒト・モノ・カネ・情報を順に見ていきましょう。

【ヒト】

Template 3.1　対象者（学習者等）

3.1.1　どのような対象者がいるか

　ここでは、言語教育や学習支援を受ける立場にある人を、対象者（学習者等）として記入します。日本国内における日本語教育を例にとって考えてみましょう。日本語教育の対象者は以下のように非常に多様です。日本国内では在留資格から考えられる活動や地位から、一般的に留学生、就労者（社員・技能実習生[注1]など）、配偶者、難民、年少者などという分け方がされます。また、出身国の言語や日本社会における位置づけ（就労者でも高度人材か単純労働従事者かなど）で、さらに細かい分類も必要になってくるかもしれません。

　例えば、大学の留学生の下位分類として、学部・大学院の正規学生（学位取得目的）、研究生、交換留学生などという分け方がされます。日本語学校では、主に進学や就職を目的とするコースに在籍する生徒を対象者としており、小学校・中学校・高校などの初等・中等教育機関では外国につながりを持つ児童・生徒（年少者）が対象者に該当します。

　地域における日本語教育（自治体や任意団体主催の地域日本語教室など）では、対象者を「生活者としての外国人」という呼び方をしますが、これは学習者を「生活の局面から見た」呼び名で、就労者、留学生、配偶者などすべての人が対象になり得ます。また、企業主催の企

業内教室では、主に自社内の外国人社員、技能実習生が対象となっているでしょう。

また、海外における日本語教育が国内の日本語教育と大きく異なるのは、多くの場合、対象者の国籍や使用言語が限定されており、外国語として日本語を学んでいるという点でしょう。

みなさんのプログラムでは、どのような人を対象にしていますか。上記の例を参考に、どのようなヒトが対象者として関わっているか、テンプレートに記述してください。

 テンプレートの記入例

● 地域日本語教室の場合

技能実習生や外国人社員。日本人の配偶者など。日系人労働者。

➡ 参考：7章 7.1

● 大学の留学生別科の日本語プログラムの場合

大学や大学院等への進学を目的とした留学生。学部の交換留学生。

➡ 参考：7章 7.4

3.1.2　背景・特性等はどのようなものか

上に述べたように、対象者は実に多様です。ここでは、対象者の背景・特性等を記入します。背景・特性はさまざまな面から述べられますが、ここでは、主に学習目的と学習環境の面から考えればよいでしょう。

いわゆる学校教育機関（語学学校や大学・大学院）の言語教育プログラムでは学業・研究のための言語運用力や、企業への就職に必要な言語運用力獲得が主な学習目的になり、学習環境から言えば、比較的学習時間や使える機器に余裕がある学習者も多いかもしれません。ただし、大学などでも理系の学習者は、研究は英語などで行われ、必要なのは学生生活・地域生活での言語運用力獲得ということも多く、一概に学校教育機関で目的をくくることはできません。

一方、地方自治体などが主催の地域日本語教室では、生活や仕事に必要な言語運用力獲得と、何よりも社会参加のためのさまざまな力を身につけることが求められます。学習環境の面から見れば、会社役員の家族、技能実習生など、立場により経済的状況が異なり、学習時間や使える機器などは、余裕のある人も余裕のない人もいます。それらを十分考えながら、記入しましょう。

海外日本語教育に関して言えば、2018年度の時点では、日本語学習者の学習目的・理由で最も多いのは「POPカルチャーへの興味」で、次いで「日本語への興味」、「歴史・芸術等への関心」、「日本への留学」という順となっています（国際交流基金, 2020, p.25）。国内と海外の日本語教育のこの目的傾向の違いは、居住している所で話されている日々の生活・活動に必要な言語（a second language）を学んでいることと、話されていない言語（a foreign language）を学んでいることの違いに起因するものでしょう。前者は学習者の生活上欠かせない事柄が目的となり、後者はそうではないという事情に拠っています。

テンプレートの記入例

● **地域日本語教室の場合**

技能実習生や外国人社員(インドネシア、ベトナムなど)は、地域にいながら日本語を話す機会があまりないので日本語を話す機会を欲している。日本人の配偶者(中国・フィリピン)は、自分の日本語に自信を持ちたい。

➡ 参考:7章7.1

● **進学中心の日本語学校の場合**

大学や専門学校などへの進学希望者が中心。最近増えている1年経過あたりで特定技能のビザに切り替える生徒の目的はN4レベルの日本語力。中国・韓国・ベトナムの学生で約7割、あとはネパール、ミャンマー、スリランカなど多様で、半分以上が非漢字圏の学生。

➡ 参考:7章7.2

Column　対象者(学習者等)もリソース

ここで、教育の対象者(学習者等)が、なぜリソースなのか違和感を抱く人もいるかもしれませんが、本書ではリソースを、プログラムを実施・運営するための構成要素という広い視点で捉えています。そのため、そのような視点から、対象者もリソースに含みます。また、言語教育は「教師や支援者、対象者が共に作り上げていく営み」であり、その面からも対象者はリソースと言えるでしょう。

Template 3.2　教師

3.2.1　教師はどのような役割か

教師の役割とは何か、改めて考えてみましょう。学習者に授業を行うのは教師です。大学のプログラムを例に挙げると、教室で日々、授業を行うのは教師です。生活支援などを職員が担っていることもあります。何人ついて、それぞれが何を分担しているでしょうか。

学校教育機関のプログラムでは最も学習者に近い立場にいるのは、授業担当教師で、日々の語学の授業を行う人々です。授業担当教師には、常勤と非常勤がいますが、常勤の教師の仕事には、授業はもとより、生活支援、進学支援、就職支援、行事の企画・準備・運営など、授業以外の仕事も含まれます。また、常勤、非常勤に限らず、クラス担任のような役割も担う場合には、学習者の個別指導、各種会議への参加や同じクラスを担当する非常勤の教師への連絡などの業務が加わります。

企業主催の企業内プログラムでは、一般に企業が依頼した教師だけでなく、企業内の社員などがさまざまな形で指導、支援に関わっています。

　自治体主催や任意団体による地域日本語プログラムでは、教室の目標が学習者の社会参加ということもあり、教師の役割は、語学の授業、生活相談、地域に関する情報提供など、対象者の多様性も相まって多岐にわたります。地域日本語教育プログラムには、次節で述べるように、教師を配置せず学習支援者だけで教育・支援活動をしていることが多いのが現状であり、発生するさまざまな役割を教師や学習支援者が１人で何役も担っていることがあります。

 テンプレートの記入例

● 地域日本語教室の場合
　生活者としての外国人に対して日本語教育をする。教室の活動促進、支援者やコーディネーターと協働し、教室の維持・成長にあらゆる角度で努める。
　　　　　　　　　　　　　　　　　　　　　　　　　　　　➡ 参考：7章7.1

● 進学中心の日本語学校の場合
　通常授業の準備、遂行および記録作成が中心。その他、教材作成、試験作成・監督、出席管理、成績管理、行事準備・遂行、学生の個別指導、学生の生活指導など。
　　　　　　　　　　　　　　　　　　　　　　　　　　　　➡ 参考：7章7.2

Template 3.3　学習支援者

3.3.1　学習支援者はどのような役割か

　文化審議会国語分科会（2019, p.19）は、教師の役割を「学習者に直接日本語を指導する者」とし、学習支援者を「日本語教師や日本語教育コーディネーターとともに学習者の日本語学習を支援し促進する者」としています。地方自治体主催や任意団体による地域日本語教室などのプログラムにおいては、学習支援者と呼ばれるボランティアベースの人々の活動で日本語の直接指導や支援に当たっていることがほとんどなのが現状でしょう。ただ、このボランティアの中には教師の資格・素養がある人・ない人、また、自己認識も、自身を「教授者」と考えている人、交流・手助けを第一義に考えている人など、さまざまな人がいます。

テンプレートの記入例

● **地域日本語教室の場合**
　支援者（日本人・外国人）は、対話活動を「やさしい日本語」で行い、外国人・日本人が共に学ぶ場作りをする。日本社会に問題提起する等。
　　　　　　　　　　　　　　　　　　　　　　　　　　→ 参考：7章 7.1

● **大学の留学生別科の日本語プログラムの場合**
　アドバイザー制度により、留学生にはそれぞれアドバイザーがおり、日本での生活の助言やサポートを行っている。また、学部生がチューターとして学生生活のサポートを行う。
　　　　　　　　　　　　　　　　　　　　　　　　　　→ 参考：7章 7.4

Template 3.4　コーディネーター・主任教員等

3.4.1　コーディネーター・主任教員はどのような役割か

　本書では、コーディネーターと主任教員を、プログラムにおいて教育を行う際の統括的立場の者という意味で、ほぼ同義に捉えて話を進めます。文化審議会国語分科会（2019, pp.19-20）は、地域における日本語教育などの統括者を「地域日本語教育コーディネーター」、学校教育機関のプログラムの教育統括者を「主任教員」と呼び、この2つを「日本語教育コーディネーター」と総称しています。

 テンプレートの記入例

● **地域日本語教室の場合**
　教室の立ち上げ。複数の教室へのアドバイジング。教室内の問題を適宜、外部機関につなげる等、教室の維持・成長に努める。支援者養成の企画・実施。
　　　　　　　　　　　　　　　　　　　　　　　　　　→ 参考：7章 7.1

● **理系の大学院の日本語プログラムの場合**
　教室全体の統括、授業計画立案、上長・事務部門との連絡・報告、学内他部門との連絡、獲得資金の申請、学習支援者との連絡、教室環境の整備
　　　　　　　　　　　　　　　　　　　　　　　　　　→ 参考：7章 7.5

> **Column**
>
> ### 多岐にわたるコーディネーター・主任教員の役割
>
> コーディネーター・主任教員には、言語教育プログラムを計画・運営における、ヒト（教育スタッフや支援スタッフ）、モノ、カネ、情報のマネジメントの役割があります。年間スケジュールの調整に始まり、時間割作成、担当講師の手配、使用教科書の選定、機関内関係各所との連絡、予算配分、イベント企画、プログラムを円滑に進めるための人間関係の調節も含めた適切な助言など、さまざまな業務があります。みなさんの関わるプログラムでは、コーディネーターはどのような役割を担っていますか。
>
> 自治体などが主催の地域日本語教室では、教室の目的が「学習者の社会参加を促進すること」であることが多い関係上、コーディネーター・主任教員には、上述の役割に加え、社会全体にわたるステークホルダー（国、自治体、地域の企業、学校、自治会など）との連携や協働を進めることも求められます。多文化共生のためのプログラムの企画・運営・実践といったことです。同時に、地域における日本語教育の必要性を関係機関に啓発・広報するといった役割も重要です。
>
> コーディネーター・主任教員が上述したさまざまな役割を果たすには、従来イメージされるような言語教師としての役割に加えて、ソーシャルワーカー的な力が必要でしょう。

Template 3.5　その他のプログラム運営の関係者・関係組織

3.5.1　どのような立場の人や機関が関係しているか

　ここでは、みなさんのプログラムに関係する人・機関を記入します。関係者・機関は思っているより多いかもしれません。

　まず、大学や日本語学校のプログラムを例に考えると、学習者と日々接している人として、授業担当教師（非常勤講師、常勤講師）、コーディネーター・主任教員、学生スタッフやチューターなどが挙げられるでしょう。さらに、それぞれ名称は違いますが、教授会メンバー、学科長、学部長、理事（専務・常務）、学長などの学校運営に関係する立場にある人々がいます。学校内関係者の他に、地域の国際交流協会なども関係機関になるでしょう。

　日本語学校に特有の関係者としてエージェントの存在が挙げられます。その多くは現地の日本語教育機関の関係者で、自校の生徒をはじめ日本留学を希望する者の代理としてビザ取得に必要な書類をとりまとめて日本語学校に提出し、認可されたら成功報酬を得る仕組みになっています。広く安定的に学生を集めたい日本語学校にとっては大いなる助っ人であり、日本語学校の運営組織内に位置づけられませんが、組織の意思決定に影響を与える存在だと言えるでしょう。

　自治体などが主催する公的な地域日本語教室においては、教師、支援者の他に、県や地域の

国際交流協会や、自治体の該当部署の部課長などの管理職、自治体の長、さらに地域の社会福祉協議会や学習者の所属する企業・学校等も関係者・関係機関になります。

ここでは、みなさんの関わるプログラムに関係する人や関係機関をできるだけ幅広く記入するとよいでしょう。そこから関係者・関係機関の役割分担や連携や意思疎通が、どれぐらいできているかの可視化の必要性もわかってきます。

テンプレートの記入例

● 地域日本語教室の場合

県の国際交流協会、市町の国際交流協会、県の国際課、地域の社会福祉協議会、自治体、外国人学習者の所属する企業・学校等

➡ 参考:7章 7.1

● 進学中心の日本語学校の場合

理事長(オーナー)、校長、事務長、教務主任、専任教員、非常勤教員、地域の国際交流協会、ウェブサイト・SNS等の情報管理者、海外エージェント

➡ 参考:7章 7.2

Column 関係者・機関の役割分担のあり方について考える

ある日突然、プログラムの廃止や縮小、予算の削減などが発生し、現場で混乱が生じたケースを例に、役割分担のあり方を考えることができます。この混乱の原因は、意思決定機関からの連絡が、現場との十分な意思疎通なしにトップダウンで来ていることと考えられます。このケースから、それぞれのヒトの役割分担の可視化と共に、各役割の連携や意思疎通が非常に重要であることが示唆されます。

3.5.2 決定権のある関係者はだれか

ここでは、プログラムに関係する人や機関の中でも、運営に発言権のある関係者・関係組織で、意思決定を行う立場にある人々を記入します。

大学のプログラムを例に挙げて考えると、学習者と日々接している授業担当教師(非常勤講師、常勤講師)には、立ち上げや存続の決定権はないことが多いでしょう。コーディネーター・主任教員になると、学内会議等での発言権は生じますが、残念ながらプログラムの規模や予算の増額等の最終的な意思決定の権限はないのが普通です。実際には、教授会メンバー、学科長、学部長、理事(専務・常務)、学長などの学校経営に関係する立場にある人々が中心になってさまざまな意思決定が行われます。また、監事、事務局長、センター長なども発言権を持つと言えるでしょう。

自治体などが主催する公的な地域日本語教室においては、該当部署の部課長などの管理職、最終的には自治体の長に決定権があることになりますが、実際は担当職員や専門職員に決定に至るプロセスが委ねられることが多いようです。そのため、専門職員が配置されていないことで適切な判断ができていないことも多い現状があるということも現実です。

　意思決定権のある人々はリソースのカネを管理する立場にあり、プログラムの実施・運営にカネを投入する人々です。そのため、投入したカネが適正に使用されているのか、また、使用した結果、言語教育プログラムの効果が上がっているのかということを見極める役割です。どのような人々がそのような役割を持っているか、決定権があるかを記入しましょう。

 テンプレートの記入例

● **地域日本語教室の場合**

　総括コーディネーター、地域日本語教育コーディネーターの進言を受けて、自治体の該当部署の長が決定する。

　　　　　　　　　　　　　　　　　　　　　　　　　　　➡ 参考：7章 7.1

● **進学中心の日本語学校の場合**

　安定した学生募集につながる成果（進学者数、進学先、日本語能力試験の結果）、活動に対するプラス評価（ウェブサイト、口コミ）に基づき、理事会が中心になって決めていることが多い。

　　　　　　　　　　　　　　　　　　　　　　　　　　　➡ 参考：7章 7.2

3.5.3　上位組織と言語教育プログラムはどう関係し、位置づけられるか

　上位組織とは、3.5.1で述べたプログラムの運営に発言権のある関係者・関係組織の中でも、特に意思決定権の強い組織を指します。それらの組織と、みなさんの言語教育プログラムとの関係・位置づけを記入します。

　上位組織との関係・位置づけについて、大学の例を見てみましょう。理事会などの会議においては、言語教育プログラムは、全学のさまざまなプログラムの中の一つにすぎないため、学内での優先順位が高くないことも少なくありません。昨今の少子化に伴う18歳人口減少に対する経営戦略として国際化を掲げて、留学生の入学定員を増加する方向で進む大学においては、一般に言語教育プログラムに対する理解も高いのですが、そうでない場合には、学内の決まった予算を各学部や学科で奪い合うという争いが繰り広げられていますので、そこに言語教育プログラムも割って入らなければなりません。そのためには、大学にとって言語教育プログラムの立ち上げや継続、拡大がどのように価値があり、大学経営や社会に貢献できているのかを、常日頃から客観的に評価し、それが必要だと信じられるのであれば、目に見える形で発信し続けて、理解を得ることが不可欠でしょう。

　一方、地域の日本語教室と上位組織の関係・位置づけは以下のようになるでしょう。地域日

本語教室では、資金の補助や場所の提供を行う自治体が意思決定権の強い組織に当たる場合があります。自治体は、地域における日本語教育を推進する責務があり（「日本語教育の推進に関する法律」2019年施行）、各自治体はその地域の状況に応じた多文化共生プランや外国人施策を策定し実施しています。地域日本語教室などが、自治体から財政面・運営面の助成を受けている場合、そのプログラムが自治体の多文化共生プランや施策の基本理念に則り、具体的にどのような成果を上げているかの説明責任が求められます。その成果は、対象者の言語の上達にとどまらず、地域の多文化共生状況にどのような効果を上げたかなど、多元的になります。

　昨今、大学や日本語学校なども「国際化」や「地域貢献」といった多元的な成果を求められることが増えています。日本語教育プログラムが共生に関わる多元的な成果を上げることにより、その地域や学校の多文化共生プランがまた活性化するという循環的な関係があります。

 テンプレートの記入例

● **進学中心の日本語学校の場合**
　上位組織による収集情報（内外の社会の動き・海外情勢の分析）が、プログラム内容や学生募集の戦略を方向づける（ことが多い）。
　　　　　　　　　　　　　　　　　　　　　　　　　　　　➡ 参考：7章7.2

● **理系の大学院の日本語プログラムの場合**
　留学生の専門指導教官の期待に沿うような日本語教室のあり方が常に求められている。
　　　　　　　　　　　　　　　　　　　　　　　　　　　　➡ 参考：7章7.5

Column　何をもって成果を証明するか？

　言語教育プログラムの成果は、何をもって提示できるのでしょうか。対象者（学習者等）に日々接している立場の教師や学習支援者は、自身の観察などから対象者が単に頑張っている、上手になったという漠然とした形でアピールしがちです。しかし、こうした主観的な成果報告では、決定権のある関係者・関係組織は説得できません。プログラムの決定権のある人は、投入したカネに対するリターン（いわゆる費用対効果）として日本語能力試験などの大規模試験の合格者数、大学合格者数など、可視化できる数値を求める傾向があるようです。そのような数値だけを求める一律性も間違いで、どのような成果（情報等）が求められるかについては、それぞれの言語教育プログラムによって異なります。常に、みなさんの所属機関／プログラムの目標に立ち戻り、そこでは何が求められ、成果として何を示せばよいかを考えていくことが大切です。詳細は6章を参照してください。

3.5.4 その他の組織・関係者には何があるか（事務スタッフや組織外の関係者等）

ここでは、3.5.1 ～ 3.5.3 で述べてきた関係者や機関以外の関係組織・関係者を記入します。その他の関係者としては、個人ではなく、一定のまとまりのある単位（チーム・部署）で言語教育プログラムに関わっている人々が挙げられます。その教育機関内（大学内、日本語学校内、地域日本語教室のある自治体内部など）の各部署で業務に当たる人が関係者に該当します。大学なら入試広報課、学生課、教務課、国際交流課、情報システム課、キャリアセンターなどです。

また、教育機関外になると一気に範囲が広く、また機関の規模も大小さまざまになります。学校教育機関であれば、文部科学省、外務省、厚生労働省、法務省、出入国在留管理庁などの国の機関も関係機関です。また、外部試験官、高等教育質保証委員会、大学評価に関わる機関、海外協定校、大学入学資格試験団体、国際交流基金、国内外の学会、地域の学習支援団体（国際交流協会、任意団体など）も関係者・関係機関になるでしょう。

地域における日本語教育（自治体や任意団体主催の地域日本語教室など）では、学習者の生活者としての側面に着目するので、その範囲はさらに幅広くなります。国の機関（文化庁や厚生労働省など）や県や市町村などの自治体、社会福祉協議会、地域の商工会議所、町内会、学習者の所属する組織（企業、施設など）、技能実習生の監理団体（受け入れ業務団体）、対象者（学習者など）在住地域の病院、学校、幼稚園などです。

海外の日本語教育機関では、日系企業や日本国大使館・領事館、JICA、国際交流基金、他教育機関（同地域・同系列など）、日本人会、所在国の省庁（教育省など）があります。

これらの中で、自分たちのプログラムに関係の深い組織・関係者を記入すればよいでしょう。

表1　外部の関連団体・プログラムの例

- 政府機関（文部科学省、当該国の教育省　等）、日本国大使館・領事館、JICA、国際交流基金、日本人会、日系企業、商工会議所、JETRO、NPO、教師会　等
- 日本学生支援機構、日本語教育振興協会、日本高等教育評価機構、各種日本語試験実施機関、大学入学資格試験団体　等
- 海外協定校、対象者の進学先、その他の関連校（同地域、同系列　等）
- 地域の学習支援団体（国際交流協会、NPO　等）
- 対象者の所属する組織（企業　等）
- 監理団体（技能実習生受入業務団体　等）
- 対象者の居住する自治体、町内会、商工会議所、社会福祉協議会、警察署、消防署、保健所、病院、学校、幼稚園　等

> 📝 **テンプレートの記入例**
>
> ● 大学の留学生別科の日本語プログラムの場合
>
> 事務スタッフ、地域住民（別科行事に参加：スピーチ大会、年中行事のイベントに協力）、卒業生（新規留学生の紹介とサポート）、学部の留学生との交流サークル
>
> ➡ 参考：7章 7.4
>
> ● 海外の大学の日本学専攻の日本語プログラムの場合
>
> 事務スタッフ、交換留学協定校
>
> ➡ 参考：7章 7.6

【モノ】

Template 3.6　施設・設備・備品

3.6.1　プログラムの対象者用に、どのようなモノがあるか

モノとは、プログラムの実施・運営に必要となる教室などの施設や、各種機器、教材・教具などの備品などを指します。表 2 は、プログラムの対象者用に必要なモノの具体例です。

表 2　モノの具体例

施設：教室、図書館、コンピューター室、コピー室、会議室、学生用ラウンジ、食堂　等
設備：ホワイトボード、OHP、OHC（書画カメラ）、プロジェクター、スクリーン、コピー機、Wi-Fi、掲示板、タイムレコーダー　等
備品：教科書、参考書、研究書、日本語教育関連教材、教具、レアリア（実物）、PC、Web カメラ、マイク、タブレット、スマートフォン、CD プレーヤー、コピー用紙、マーカー、イレーザー、マグネット、地図　等

みなさんが関わるプログラムの対象者が利用できる施設・設備・備品として、どのようなモノがあるでしょうか。それらは、プログラムの効果的な実施のために、量的・質的に十分ですか。もし、足りないモノがあるとすれば、どのような目的のために、何が、どのぐらい必要でしょうか。また、対象者からの要望などはありますか。モノに関する現状と問題点について整理して、テンプレートに記入してみましょう。

> 📝 **テンプレートの記入例**
>
> ● 大学の留学生別科の日本語プログラムの場合
> 　施設：教室、図書館、コンピューター室、食堂
> 　設備：ホワイトボード、黒板、プロジェクター、スクリーン、コピー機、Wi-Fi、掲示板
> 　備品：貸し出し用参考書、PC、テレビ、地図
> 　現状では貸し出し用のノートPCやタブレットがない。オンラインでの活動に必要なため数台ほしい。
>
> 　　　　　　　　　　　　　　　　　　　　　　　　　　　➡ 参考：7章 7.4

3.6.2　教師・学習支援者用に、どのようなモノがあるか

　教師や学習支援者が利用できる施設・設備・備品として、どのようなモノがあるでしょうか。プログラムの効果的な実施のために、量的・質的に十分に整っていますか。2020年以降の新型コロナウイルス（COVID-19）感染症の拡大によって、遠隔授業を実施するための各種機器が新たに必要となったプログラムもあるでしょう。このような、日々の教育活動で新たに生じてくるニーズに対応していますか。

　教材や各種消耗品などの備品から、教室等の施設に至るまで、それぞれの購入や設置の判断・決定や維持・管理はどのように行っているか、改善点は何か、などについても考えてみましょう。（5章 5.5.2 も参照してください。）

> **テンプレートの記入例**
>
> ● 大学の留学生別科の日本語プログラムの場合
> 　教室、図書館、コンピューター室、食堂、講師室（準備室）、共用PC、貸し出し用ノートPC、コピー機、Wi-Fi、プロジェクター、書棚、教科書、参考図書、授業記録用ノート、文房具、ロッカー、通知書類用のレターケース。
> 　貸し出し用ノートPCが少ない。発話録音用のICレコーダーやビデオカメラもほしい。
>
> 　　　　　　　　　　　　　　　　　　　　　　　　　　　➡ 参考：7章 7.4

【カネ】

Template 3.7　予算・資金

3.7.1　プログラムにはどこからカネが来ているか

　カネとは、プログラムの実施・運営に必要な資金を指します。ヒト・モノなどの各種リソー

ス（資源）を入手し、プログラムを継続的に保持するためにもこのようなカネは不可欠なものです。ここでは、まず、各種リソースを入手し、プログラムを継続的に保持するために必要なカネをどこから入手するか、資金の収入源について考えてみましょう。

　プログラムの資金は、「予め与えられているカネ」と「自身で新たに獲得するカネ」の2種類に分かれています。これらを合わせて、予算を組み立てます。予め与えられているカネには、学費や設備費など対象者から得ている予算、所属機関等から当該プログラムに配分される年間予算などがあります。一方、自身で新たに獲得するカネとしては、国、地方自治体、外部機関（財団や基金等）からの助成金、補助金などがあります。さらに、その他の予算として、対象者からその都度徴収する参加費などもあります。

　みなさんのプログラムでは、どのような資金を、どこから得ているでしょうか。また、それらの予算案の作成や申請は、だれが行っているでしょうか。現状を踏まえたうえで、今後のプログラム運営に必要な資金と収入源について課題を整理し、記述してみましょう。

> **テンプレートの記入例**
>
> ● **地域日本語教室の場合**
> 　県の国際交流協会から生活者日本語教師やコーディネーターへの謝金が出る。運営費は、学習者からの参加料と民間の助成金。
> 　　　　　　　　　　　　　　　　　　　　　　　　　　　➡ 参考：7章 7.1
>
> ● **進学中心の日本語学校の場合**
> 　学生の払う入学金、授業料。その他の補助金などがあるかどうか不明。
> 　予算案の作成や申請がどのように行われているのか知らない。
> 　　　　　　　　　　　　　　　　　　　　　　　　　　　➡ 参考：7章 7.2

3.7.2　どのぐらいカネがかかるか

　次に、プログラムの実施・運営計画を遂行するうえで、どのような項目にどのぐらい費用がかかるか、さまざまな支出について確認しましょう。

　リソース（資源）としてのヒトに関わる人件費、モノに関わる設備費や備品費は支出額が大きい費目です。すでに設備や備品が備わっており、新たにかかる費用が少ない場合もあるでしょう。ヒトやモノに関わる支出の他にも、対象者（学習者等）を募るための広告宣伝費、エージェントに支払う費用なども必要かもしれません。

　みなさんのプログラムでは、予算がどのような費目に配分され、どのような項目にどのぐらいの資金が使えるでしょうか。また、それらの予算の管理と執行は、だれが行っているでしょうか。

　プログラムの実施・運営に必要なカネの具体例を表3に示します。自身のプログラムではどのような項目が予算として立てられているか、それぞれの項目にどのぐらい費用がかかるのか、問題点は何か、などを考えながら、記述してみましょう。

表3　カネ（収入・支出）の具体例

```
<収入>　（内部）プログラムの独自予算（学費、設備費　等）
　　　　（外部）助成金、補助金、参加費　等
<支出>　人件費、設備費、備品費、光熱費、図書費、教材費、消耗品費、印刷費、
　　　　広告宣伝費、研修費、加盟団体年会費　等
```

 テンプレートの記入例

● 地域日本語教室の場合

　会場借用料、文具や視聴覚機材など。教師やコーディネーターの相談業務、教室活動の実施や準備には膨大な時間がかかるが、時給に換算するとどのぐらいになるか、わからない。

➡参考：7章 7.1

● 進学中心の日本語学校の場合

　講師の人件費以外に、どのような項目にどのぐらいの支出があるのか知らない。
　予算の管理や執行がどのように行われているのか知らない。

➡参考：7章 7.2

【情報】

Template 3.8　情報

3.8.1　プログラムにはどのような情報があるか

　情報とは、プログラムを円滑に進めたり、他のプログラムとの差別化を図ったりするために必要なもので、無形財産を指します。例えば、機関内部で蓄積される情報には、プログラムの対象者に関する情報、これまでの教育実績、運営のノウハウ、教師の教授技術などがあります。また、外部との関わりから生まれる情報には、関係諸機関に関する情報、競合他機関の動向、地域コミュニティーとのつながりなどがあります。

　表4は、情報の具体例を示したものです。みなさんのプログラムでは、どのような情報が蓄積されていますか。以下の表を参考にして、記述してみましょう。

表4　情報の具体例

- 対象者のニーズ、レディネス、進路希望
- 教師の教授技術・指導力、授業・活動の記録、会議の議事録
- 進路指導のノウハウ、生活指導のノウハウ
- プログラムの運営ノウハウ、評価の方法、組織内の規則
- プログラムの理念、知名度、ブランド力、過去の実績
- 組織の風土、支援者・運営スタッフのモラル
- ステークホルダー（対象者の家族・提携校・外部の団体・地域コミュニティー　等）からの信用
- 社会情勢の動き、競争相手の動向
- 日本語教育行政の動向（法務省、出入国在留管理庁、文部科学省[注2]　等）

テンプレートの記入例

● 進学中心の日本語学校の場合

　資産情報、経営情報、海外情勢分析情報、国内情報（留学生施策、留学生ビザ発給情報、進学関連情報）、日本語教育関係催事・出版情報、指導情報（年間計画、月間計画、時間割）、教育実績（進路、日本語能力試験合格率）、学生情報（在学生、卒業生、退学生）、会議録、国内行事情報、当該年のラマダン期（イスラム教関連情報）・春節期

➡ 参考：7章 7.2

● 日本語教育サービスを提供する会社の場合

　ホームページに公開されている教育方針、教員情報、資産情報等。学習者の出身国・地域。他の情報を社長は持っているかもしれないが、講師は知らない。

➡ 参考：7章 7.3

3.8.2　情報はどの範囲で共有されているか

　プログラムで蓄積されているさまざまな情報には、機関内部のスタッフ全員で共有されているもの、一部のスタッフ間のみで共有されているもの、機関外部にも公表されているものなどがあります。自身が関わるプログラムでは、どのような情報について、だれがどの範囲で共有しているでしょうか。その情報にアクセスできる人とできない人が分かれている場合、どのような理由でそうなっているのでしょうか。

　例えば、対象者に関するさまざまな個人情報について、学習状況や学習成果、進路希望、家庭の事情など、どのような情報を、だれが管理し、どのようなヒトの間で共有していますか。会議の記録は、どの範囲で共有されていますか。提携機関等に関する情報は共有されていますか。

　必要な情報が必要な人すべてに共有されているかどうか、今後、さらに活用していくべき情

報にはどのようなものがあるか、考えてみましょう。

> **テンプレートの記入例**
>
> ● **進学中心の日本語学校の場合**
>   資産情報、経営情報、教職員の個人情報等を除き、情報はほとんどコンピューター管理され、原則として、常勤・非常勤を問わず教職員全員がアクセス権を持つ。
>
>   ➡ 参考：7章 7.2
>
> ● **大学の留学生別科の日本語プログラムの場合**
>   対象者の進路希望、過去の実績は教員と別科事務スタッフで共有、授業記録は教員間で共有。常勤講師が出席する会議の議事録は非常勤講師とは共有されていない。必要事項の連絡のみ。所属機関の教育方針や日本語教育のカリキュラム概要はホームページで一般公開されている。
>
>   ➡ 参考：7章 7.4

> **Column　ノウハウも重要なリソース**
>
> 　プログラムを立ち上げる際には整備されていなかったリソースは、継続して運営されていくうちに、時間をかけて、プログラムに適したものに変化を遂げ、熟成していきます。例として、経験を積んで成長していく教師（ヒト）、対象者に適した教材・教具（モノ）、対象者に応じたカリキュラムの設定、授業の引き継ぎノート（情報）などが考えられます。特に、情報はプログラムの内部での蓄積に時間がかかるため、容易に手に入るものではありませんが、情報を整備すると繰り返して利用が可能になり、結果としてその価値も増大します。これが一般的に言う「ノウハウ」というものです。
> 　例えば、ここに一人の経験豊富な教師がいます。この教師は長年の教育経験を通して、教授力、教材作成力、コースデザイン力などの複数の能力や技術を持ち合わせています。この教師が持っているノウハウは、学内紀要や報告書などの書面や、教員会議、公開授業や FD（ファカルティ・ディベロップメント）などでの口頭伝達で、同じプログラムの他の教師と共有することにより、プログラム運営を円滑にするかもしれません。このとき、経験豊富な教師は、単にヒトの資源としてだけではなく、「ノウハウを持っている」という意味で、情報の資源としても重要な役割を担っていると言えるでしょう。

3.8.3　情報はどのような方法で共有されているか

　プログラムで蓄積された情報は、どのような形で整理され、どのような方法で共有されていますか。

　各種情報の入手・共有方法は、従来の対面、紙媒体、電話などによるものから、近年ではICT を活用した電子媒体が主流になってきています。対象者の出欠管理、授業や活動の記録、

会議の議事録などをデータ化して、クラウド上や組織内のネットワーク上でいつでも共有できるようになりました。
　一方、一部の情報へのアクセスが制限されている場合もあるでしょう。プログラムのさまざまな情報について、いつ、どのような方法で、だれと共有しているでしょうか。その情報や共有方法は、有効に活用できていますか。必要とする情報に自分からアクセスすることができますか。情報の内容と、共有方法について確認してみましょう。（5章5.5.3も参照してください。）

 テンプレートの記入例

● **大学の留学生別科の日本語プログラムの場合**
　授業担当者会議は対面またはオンラインで実施、議事録はメールかクラウド上で共有。授業記録はノート（紙媒体）に記入、講師室（準備室）に置いて共有。日々の連絡は適宜、常勤講師と非常勤講師が講師室にて対面で話す。メールや電話も使用。所属機関からの連絡や研修案内等はメーリングリストまたは学習管理システムから通知が届く。

➡ 参考：7章7.4

Column

リソース（資源）としての「時間」

　3章では、プログラムのリソースとして、ヒト・モノ・カネ・情報について見てきました。ここまで本書をお読みになったみなさんの中には、なぜ、「時間」は本テンプレートのリソースに含まれていないのだろうか、と疑問にお感じになった方もいらっしゃるかもしれません。実は、本テンプレートの開発過程で実施したワークショップや講演会でもそのようなご質問を複数いただきました。

　確かに「時間」は、プログラム運営上の大切なリソースの一つです。この場合の「時間」とは、プログラムの展開や拡大、縮小や廃止などの意思決定にかかる時間、教育を行っている時間、準備やその他のさまざまな作業において一人の人が同じ時間内にどの程度できるかの効率など、プログラムの運営に関わるあらゆる時間を含んでいます。

　そして、プログラムは、ある一定期間の、限られた時間内で実施されるものです。その限られた時間の中でプログラムの目標を達成するために、「時間」というリソースを適切に活用し、どのような価値を生み出せるかは、プログラムの成果に多大な影響を及ぼします。その意味では、お金では買えず、だれにも平等に与えられている「時間」は、最も基礎的なリソースとも言えるでしょう。

　しかし、教育の分野においては必ずしも効率性が優先事項とはならない場合もあること、「時間」の捉え方は他のリソースと比較して、個人や組織の主観的な側面が強く、ヒト・モノ・カネ・情報とは質が異なることから、さまざまなプログラムについての記述を想定している本テンプレートには「時間」に関する記述欄を設けていません。

　とはいえ、限られた時間をいかに有効に使うかは、プログラム運営上、決定的に重要な要素となります。決められた時間の中でプログラムの関係者が個々の能力を十分に発揮

できているか、優先して取り組む業務は何か、削減できる時間はないかなど、「時間」を
どのように管理し、有効活用できているか、この機会にみなさんのプログラムにおける
時間の活用方法についても見直してみましょう。「時間」に対する意識が変化することで、
ヒト・モノ・カネ・情報の活用方法も変わっていくでしょう。

[注]
1 本書執筆時点（2024年4月）では、政府は2027年までに「技能実習」に代わり、「育成就労」制度を創設する方針を示しています。
2 日本語教育に関することは、2024年4月に文化庁から文部科学省に移管されています。

[参考文献]

国際交流基金 (2020). 『海外の日本語教育の現状　2018年度日本語教育機関調査より』(p.25)
　　https://www.jpf.go.jp/j/project/japanese/survey/result/dl/survey2018/all.pdf (2023年4月5日閲覧)

文化審議会国語分科会 (2019). 『日本語教育人材の養成・研修の在り方について（報告）改訂版』(p.19)
　　https://www.bunka.go.jp/koho_hodo_oshirase/hodohappyo/__icsFiles/afieldfile/2018/06/19/a1401908_03.pdf
　　(2023年4月5日閲覧)

吉村孝司 (1994).「経営資源」藤芳誠一 (編著)『最新経営学用語辞典』(p.82) 学文社.

Check ☑

- ☐ 言語教育プログラムにおける【リソース（資源）】とは何か、理解できましたか。
- ☐ 【ヒト】（関係者、人的資源）の具体例やそれぞれの役割が理解できましたか。
- ☐ 【モノ】【カネ】【情報】の具体例やそれぞれの活用方法が理解できましたか。

- 現在どのような各種リソース（資源）があり、何が不足しているのか、考えてみましょう。
- 現場で起こっているさまざまな問題を検討する際に、ヒト・モノ・カネ・情報のどれに関係しているでしょうか。だれに、どのように、どの手順で進めていけばよいでしょうか。実現できそうな項目とそうでない項目があるでしょうか。

4章 言語教育プログラムにおける学習・教育の活動内容

あるあるトーク **同じ教科書なのに？**
[大学の中級クラスの学生同士の会話]

A：今日の東先生の授業、きびしかったね。助詞を間違えたら、明日までに復習してくださいって言ってた。

B：そうだね。でも、だいじょうぶ。明日の西先生は、ゲームみたいなのが多くて、助詞にはきびしくないから。

A：そうか。じゃ、大丈夫かな。でも、同じ教科書を使っているのに、先生によって全然やり方が違うね。

B：確かに。どうしてなんだろう。

本章の概要

本章では、テンプレート中央部右側の【学習・教育の活動内容】領域に注目します。

ここでは、2章の【社会的背景・プログラムの現状】および【基本理念・使命・目標】を踏まえ、3章の【リソース（資源）】で見た環境条件、実施主体、関係者を考慮したうえで、どのような学習・教育の内容を計画しているかを記述していきます。この領域は活動の「内容」を記述する部分であり、その実施計画を運営していく「過程」を記述するのは次の5章になります。

なお、具体的な学習・教育の内容を記述していくとはいえ、例えばどの教材を使うかだけではなく、それらを選ぶに至った枠組みや指導方針などの視点から見てみます。そのために、まず4.1では時間的な枠組みがどうなっているか、4.2では活動単位（科目等）が、どのような類型や基準にもとづいてカリキュラムとして構成されているか、4.3では各活動単位（科目等）の目標は、プログラム全体の目標とどのように関連づけられているかを確認します。そして、4.4で具体的に活動の媒体やクラスサイズ、教材の種類、シラバス（学習項目）タイプ、教育方法を見てみましょう。最後に、4.5でプログラムとしての修了認定がどのように行われているかを記述します。

この段階は、PDCAサイクルのP（= Plan 計画）、D（= Do 実施）、C（= Check ふり返り／評価）の段階にまたがっています。

Template この章で取り上げるテンプレートの質問

4.1　時間的枠組み
4.1.1　プログラムの時間的枠組み（期間・学習時間・単位数・活動頻度など）はどうなっているか

4.2　活動単位（科目等）の構成
4.2.1　どのような活動単位（科目等）の分類（4技能総合型、特定の技能・専門分野別など）になっているか
4.2.2　能力レベルを設定する場合、どのような基準を用いているか

4.3　各レベルや各活動単位（科目等）の目標とプログラム全体での目標の関連づけ
4.3.1　各レベルや各活動単位（科目等）の目標は、プログラム全体の目標とどう関連づけられているか

4.4　主な活動単位（科目等）の特性
4.4.1　どのような媒体を用いて指導や支援を行っているか（例：対面授業、オンライン授業、通信教育）
4.4.2　どのぐらいのクラスサイズ（例：少人数クラス、個人指導、グループ学習）で、どのような学習形式（例：講義-演習型／ゼミ形式／グループ学習など）によって実施されるか
4.4.3　どのような教材を用いているか（例：書籍／動画／生教材／ウェブ教材など）
4.4.4　どのようなシラバス（学習項目一覧）タイプか（例：構造（文法）、機能、技能（スキル）、場面、話題（トピック）、行動・体験中心の活動など）
4.4.5　どのような教育方法が用いられているか（例：直接法／媒介言語使用可、コミュニカティブアプローチ、タスク中心の教授法など）

4.5　各活動単位（科目等）での評価方法、プログラム修了の認定
4.5.1　各活動単位（科目等）でどのような評価方法が用いられているか（例：筆記テスト、会話テスト、プレゼンテーション、レポート課題など）
4.5.2　プログラム修了の認定はどのように行われるか

Template 4.1　時間的枠組み

4.1.1　プログラムの時間的枠組み（期間・学習時間・単位数・活動頻度など）はどうなっているか

　ここでは、みなさんのプログラムの活動内容の時間的枠組みを確認して記述してみましょう。

　まず、プログラムの「期間」とは対象者(学習者等)が一定の学習を開始してから修了するまで、そこで学ぶ期間です。大学には、学部課程のように4年間のプログラムもあれば、半年や1年間の短期交換留学プログラム、さらには夏季集中講座や1週間サバイバル〇〇語コースなどの「超短期」と呼ばれるプログラムもあります。4年間の大学学部課程でも言語学習プログラムは初めの2年だけということもあるでしょう。そして、その期間を年間15週の2学期制、10週の3学期制などに区切って、一つの活動単位である「科目」を学期単位で編成することが一般的です。また、例えば90分授業を週1回、1学期15週にわたって実施すれば「1単位」とするなど、学習量を規定する単位制が文部科学省の大学設置基準によって導入されています。

　一方、各種学校として設置されている学校などでは、一部を除いて単位制は用いられていないことも多いのですが、1年や1年6か月、2年など、対象者のニーズに応じていろいろな学習期間のプログラムが実施されています。また、日本語学校の規定である「日本語教育機関の告示基準」では、1年あたりの授業期間が定期試験などの期間を含めて35週にわたること、年間の授業時間数が760単位時間（例：45分授業を1単位時間とみなす）以上であること、週当たり20単位時間以上であることといった条件が定められています。そして、通常は週単位で、読解、作文、会話、プロジェクトなどいくつかの活動単位（科目）を組み合わせて時間割が構成されています。

　それに対し、明確な時間的枠組みを持たないプログラムも、地域の日本語教室などには多く見られます。時間的な枠組みを決めて一定のサイクルで運営されているものもあれば、対象者（学習者等）の都合に合わせて実施するものまで多様でしょう。また、要望に応じて不定期に始まるプログラムも企業内教育や委託・派遣レッスンなどには少なくないようです。このような場合は、学校の学期のような明確な期間を設定しにくいでしょう。テンプレートに記入する際は「ニーズに応じて不定期に3か月のプログラムを実施」「6か月で150時間授業を実施」のように記述すればよいと思います。

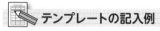

● 日本語教育サービスを提供する会社の場合

　受注内容によって異なる。技能実習生の場合には終日で連続して数週間。外国人社員の場合、週に2回など。

➡ 参考：7章 7.3

● 大学の留学生別科の日本語プログラムの場合

　期間：4月～2月　35週；　学習時間：840単位時間

➡ 参考：7章 7.4

● 海外の大学の日本学専攻の日本語プログラムの場合

　9月始まり6月終わりの学年度。3学期制で秋学期と冬学期は10週ずつの授業週。春学期は復習授業を2週間行った後、学年末最終試験期間となる。日本語は、1年目は週10コマ（1コマ＝50分）、2年目は週6コマ、3年目は日本留学、4年目は週3コマ。

➡ 参考：7章 7.6

Template 4.2　活動単位（科目等）の構成

4.2.1　どのような活動単位（科目等）の分類（4技能総合型、特定の技能・専門分野別など）になっているか

　ここでは対象としているプログラムで、活動単位（科目等）がどのように組み合わされているかを確認し、記述します。例えば、初級、中級、上級のような言語のレベル、聴解、会話、読解、作文のような技能、あるいは文法、音声、表記のような言語知識、アカデミック、ビジネス、文化、社会のような分野など、何らかの分類基準を用いて活動内容がまとめられているでしょう。多くの場合、「初級、中級、上級のレベルごとに、技能や分野による科目設定」という形で、複数の分類基準が併用されているかと思います。また、大学などでは、科目のうち、どれが必修あるいは選択かといった履修上の条件もあります。どのような学習項目が必修科目としてまとめられているかは、そのプログラムがどのようなことを共通ニーズとして重視しているかの表れとも言えます。

　ここでは、活動単位（科目等）の分類に見られる特徴や履修条件について記述してみてください。地域の教室などで、詳細な教育内容の記述が必要ないという場合も、学習の進捗やニーズに合わせてどのような活動を組み合わせて指導していくかということから、みなさんのプログラムの特徴を洗い出すことができるでしょう。

テンプレートの記入例

● 地域日本語教室の場合

1) 対話活動クラス：外国人定住者と支援者の協働で対話活動をする場
2) 入門クラス：原則、教師主導で、教室内で実施する。支援者に対話の相手を依頼することもある。
3) 保育：対話活動クラスに参加する人の子どもの保育が目的だが、子どもや親に就学前教育もする。

➡ 参考：7章 7.1

● 日本語教育サービスを提供する会社の場合

顧客のニーズによって異なるので決まった「科目」や「コース」はない。ただ、大きく、レベル別、目的別に分かれていて、ニーズに応じてこの組み合わせを提示して、大枠が決まる。教え方も会話中心か読み書き中心か、顧客のニーズを聞き取って決める。

➡ 参考：7章 7.3

● 大学の留学生別科の日本語プログラムの場合

初中級、中級、上級の言語レベル別に、総合、技能別、漢字のクラスが設定されている。また、日本事情、歴史・地理・数学・理科等受験対応科目、進学後の日本語に対応するアカデミックジャパニーズなどがある。

➡ 参考：7章 7.4

Column

「活動単位（科目等）の組み合わせ」と「成果」「コスト」「クラスサイズ」

活動単位（科目等）をどう組み合わせるかは、合理的なプログラムの運営にとって非常に重要です。通常の教育機関では少ないコスト（費用や労力）でできるだけ多くの成果（学習効果）を上げようと考えるのが普通です。しかし、実際には「一人ひとりの学習者の能力もニーズも同じではない」でしょう。入門の学習者を中級レベルの学習者といっしょにして一斉授業をしても、入門者にとって難しすぎるか、中級者にとって易しすぎるかのどちらかになりやすいものです。同様に、経済学の〇〇語ができるようになりたい学習者と、雑談がうまくできるようになりたいと思っている学習者が、まったく同じ授業を受けても、必要とする言葉が違うので、どちらかにとって合わない内容になることは明らかです。「クラスが学習者のレベルやニーズに合わないことは、成果がコストに見合わないことを意味します」。そう考えると、「必修の活動単位（科目）は共通のニーズ、レベルの内容であるべきです」し、多様なニーズ、レベルを<u>できるだけ共通のニーズ、レベルにまとめて、いくつかの選択肢として示すことが効率的なプログラムにするためのカギ</u>だとも言えます。細かく分けすぎてごく少数の人だけが参加する活動単位がたくさんできたらコストもかかります。「成果が落ちない範囲で、ある程度の人数が集まるような活動単位（科目等）を設定することが最も合理的」だと考えられます。もちろん1クラスの最適の人数は活動単位（科目等）の性質によっても異なるでしょう。読解活動

> なら 20 名を越えても可能でしょうが、会話練習はもう少し少人数でやりたいものです。
> そう考えると、成果とコストの関係はクラスサイズ（クラスの人数）とも関わってきますし、授業のやり方や宿題の出し方などとも関係してきます。「同じコストでより大きな成果を上げるためには、プログラムレベルでのクラス設定の工夫などで対応すべきことがたくさんある」ことがわかるでしょう。

4.2.2　能力レベルを設定する場合、どのような基準を用いているか

　活動単位（科目等）を設定するために対象者（学習者等）の言語能力レベルを考慮することが必要な場合、みなさんのプログラムでは、プレースメントテストなどによるレベル設定にどのような基準を用いていますか。

　レベル分けと聞くと、最初に思いつくのは初級、中級、上級という区分でしょう。これまで言語教育では、話題の日常性／特殊性や具体性／抽象性、取り上げる文型や文字・語彙・表現の難易度や使用頻度、談話構成や会話ストラテジーの複雑さなどを踏まえて分けられた初級、中級、上級というレベル区分が（時にはその間の初中級や中上級というレベル表現も含めて）一般的に用いられてきました。ただし、言語教育におけるこのレベル分けでは、それぞれのレベルで導入される言語項目・言語活動・言語機能が明確に規定されているわけではありません。そのため、同じ名前のレベル、例えば初級あるいは中級でも、扱われる言語項目や言語活動が異なっているということもしばしば見受けられます。

　一方、能力レベルを表すのに、資格試験などの基準を用いて表現することもあります。例えば、世界的にも受験者が多い日本語能力試験（JLPT）の N1／N2／N3／N4／N5 というレベルです。この基準を用いた「日本語能力試験 N1 対策演習」のような活動単位（科目等）が設定されることもあるでしょう。

　さらに最近では、さまざまな外国語教育分野において世界規模で用いられる基準／指標である「ヨーロッパ言語共通参照枠（CEFR）[注1]」による A1／A2／B1／B2／C1／C2 というレベルの呼び方を耳にすることも多くなりました。この基準／指標では、言語を使って実際に何がどのぐらいできるか（＝課題遂行能力）を「能力記述文 (can-do statement)」で上述の 6 レベルに分けて、学習の目標として使えるように例示しています（ただし補遺版では、Pre-A もあります）。また、日本語教育の法制化を受けて文化審議会国語分科会が、CEFR と JF 日本語教育スタンダードをもとに、日本語教育に特化した基準／指標としての「日本語教育の参照枠」（文化審議会国語分科会, 2021）を取りまとめました。このような基準を用いて、テンプレートに記入すれば、プログラム以外の人にも理解しやすくなります。

　上述のように、レベル設定の基準には、話題の日常性／特殊性、具体性／抽象性、文型・文字・語彙・表現の難易度、あるいは JLPT の旧試験のような学習時間、既習語彙数、そして能力記述文による課題遂行能力など、さまざまな尺度が用いられます。この「どのような尺度が

用いられるか」が、活動単位（科目等）やプログラムとしての目標の記述、グループ分け（プレースメント）の方法、学習活動の内容、教材の選択、目標達成度の評価方法などを左右することになります。所属するプログラムの全体像を把握するために、レベル設定にどのような基準が用いられているかを記入してみましょう。

 テンプレートの記入例

● **地域日本語教室の場合**

対話活動は、ある程度の日常会話が達成できるか、教師が経験則で判断する。入門クラスはゼロ～A2程度まで。

　　　　　　　　　　　　　　　　　　　　　　　　　　　➡ 参考：7章 7.1

● **進学中心の日本語学校の場合**

日本語能力試験（JLPT）の技能レベルをおおよその基準としている。初級はN4レベル、中級前期はN3レベル、中級後期はN2レベル、上級はN1レベル以上

　　　　　　　　　　　　　　　　　　　　　　　　　　　➡ 参考：7章 7.2

● **海外の大学の日本学専攻の日本語プログラムの場合**

学内の基準。CEFRを参考にしている。

　　　　　　　　　　　　　　　　　　　　　　　　　　　➡ 参考：7章 7.6

Column　　　　　言語運用能力の客観的な基準の有用性

本文で紹介している「日本語教育の参照枠　報告」（文化審議会国語分科会, 2021）では、日本語教育に関しての「共通の枠組み、記述レベル、指標を持ち、互いの知見を共有し連携すること」（p.5）を目指して、日本語学習者の日本語の習得段階に応じて求められる日本語能力の判定基準及び評価の在り方を提言しています。

例えば、在留資格の特定技能1号の日本語能力認定のためには、日本語能力試験（JLPT）のN4、または国際交流基金日本語基礎テスト（JFT-Basic）などの合格が求められるようになりました。JFT-Basicでは、CEFRおよびJF日本語教育スタンダード（JFスタンダード）のA2相当であることが認定されます。

このように、言語能力の証明方法として、日本や世界で共有されている客観的な言語能力の基準が用いられることが増えてきました。これらの基準に共通しているのは、それぞれのレベルではその言語でどのようなことができるかを能力記述文（can-do statement）で表現していることです。それにより、対象者（学習者等）自身で達成したい目標が具体的に設定しやすくなり、かつ自身での能力評価にも活用できます。そのために文化庁は上述の「日本語教育の参照枠」に基づいた日本語能力自己評価ツール「にほんごチェック！」を公開しています[注2]。

また、公開された共通の能力基準により、対象者（学習者等）が転居や転職で、その言語を学ぶ場所が変わっても、同じレベルを繰り返したり、高すぎるレベルに飛んだり

> することなく、スムーズに継続して学習を続けやすくなります。さらに、雇用主などの言語教育の専門知識を持たないステークホルダー（利害関係者）に対して、対象者（学習者等）がその言語でどんなことができるのかを提示しやすくなります。

Template 4.3　各レベルや各活動単位（科目等）の目標とプログラム全体の目標の関連づけ

4.3.1　各レベルや各活動単位（科目等）の目標は、プログラム全体の目標とどう関連づけられているか

　言語教育プログラムでは、2章で取り上げたようなプログラムとしての目標の実現を目指して活動を進めます。そして、プログラムの目標あるいはその一部を実現するための活動を計画したものがそれぞれの活動単位（科目等）ですから、理想的には、それぞれの活動単位では、この「上位の目標」を踏まえて、その下位に位置づけられる目標が掲げられることになります。場合によっては、この2つのレベルの間のカリキュラムの概説部分などに、「中位の目標」が設定されることもあるかもしれません。ここで大切なポイントは、各活動単位での中位や下位の目標は、具体的な学習・教育活動をデザインし評価を計画・実施する際の、プログラム全体の目標とつながった指針となるということです。また、対象者が目標を意識化することも学習効果を考えるうえで重要です。みなさんのプログラムではこれらの目標の階層はどのようになっていますか。

　例えば、2章の例を参考に、英語で学位が取得できる大学院での日本語教育プログラムの例を見てみましょう。以下の「中位の目標」のように複数の目標がある場合でも、科目Aでは①と②、科目Bでは①と③、科目Cでは②と③など、カリキュラム（教育課程表）全体で①〜③が網羅されれば目標達成は実現可能です。また、下位の目標では、例えば①をさらに具体化した行動目標を掲げることもあるでしょう。みなさんのプログラムでは、このような上位・中位・下位の目標間の関係はどのようになっているかを確認してください。

テンプレートの記入例

● **英語で学位が取得できる大学院での日本語教育プログラム**

【上位の目標】ホームページなどに掲示
　日本での研究生活を円滑に進めつつ充実したものとなるように、学生が日本語能力や日本の社会・文化への理解を高めることができる。

【中位の目標】学則などに掲載されるカリキュラムの冒頭の記述
　本プログラムでは、学生の以下の目標達成を目指して日本語教育を実施します。
　①日常生活において、習得した日本語で基本的なコミュニケーション（話す・聞く・読む・書く）ができる。
　②自身の研究に関する専門用語を日本語で理解できる。
　③講義や文化体験活動・学外見学の機会を通して日本の文化や社会システムの一端を理解できる。

【下位の目標】日本語科目のシラバス（授業計画表）の具体的な下位目標
　・「初級日本語Ⅰ」科目の目標の一部
　　顔なじみの人と日常の挨拶や簡単な会話ができる。

　・「日本文化」科目の目標の一部
　　授業内の文化体験活動（調理、茶道お点前）で、生活の中に取り入れられた季節感を理解し、その例を挙げることができる。授業に協力してくれる会話パートナーと、一般的な話題について、学習した日本語表現を用いて意思疎通ができる。

　プログラムによっては、シラバス（授業計画表）を作成しておらず、上記のような目標がどこにも明文化されていない場合もあるかもしれません。あるいは、「今学期は、（主たる教科書）の第20課まで学習する」のように、教科書の進度が目標化されてしまうこともしばしば見受けられます。教科書の進度を目標として書くような場合は、特に、その教科書がプログラムの理念や使命、目標、およびその下位目標、具体的な目標を達成するのに最適か検討しながら記入してみることもできるでしょう。

　また、地域の日本語教育やビジネスパーソンへの教育などでは、対象者（学習者等）の背景や事情が個々に違うことが多いので、標準的な1つの記述で目標を設定することは難しいかもしれません。いずれにしろ、プログラムとしての理念や使命、上位の目標と齟齬がない範囲で、対象者個々のニーズにあった目標を設定するとよいでしょう。みなさんが関わるプログラムでは、上位から下位までの目標記述間にはどのような関連性が見られますか。

テンプレートの記入例

● **地域日本語教室の場合**

　対話活動は、プログラムのミッション・目標（2.2）の具現化のためにある。入門クラスは対話クラスで活動できる日本語力をつけるまでの橋渡し的クラス。

　　　　　　　　　　　　　　　　　　　　　　　　　　　➡ 参考：7章 7.1

● **進学中心の日本語学校の場合**

　大学・大学院志望者は N1、専門学校志望者は N2 か N3 の合格を目標にしている。全体としてバランスの取れた 4 技能習得を目指している。

　意欲のある希望者には、外部のスピーチ大会への参加を促し、補助的な指導を行っている。

　日本人との交流の機会を多く設けて、日本の社会・文化・の理解促進を図っている。

　　　　　　　　　　　　　　　　　　　　　　　　　　　➡ 参考：7章 7.2

● **日本語教育サービスを提供する会社の場合**

　「顧客のニーズを満たす」ことが目標である。これまで意識して関連づけたことはなかったが、結果的にそれぞれの活動単位の目標はこれと合致している。

　　　　　　　　　　　　　　　　　　　　　　　　　　　➡ 参考：7章 7.3

Template 4.4　主な活動単位（科目等）の特性

4.4.1　どのような媒体を用いて指導や支援を行っているか（例：対面授業、オンライン授業、通信教育）

　従来、教育の現場と言えば、教授者と学習者が対面で授業を行うことが一般的でしたが、インターネットの発達によって、さらに世界的な新型コロナウイルス（COVID-19）感染症の拡大によって、今ではオンラインでの会議・通話システムを利用した学習・教育も一般的な選択肢の一つとなりました。また、対面とオンラインを併用したハイブリッド型での授業や、オンラインのみで教育を実施する機関もあります。

　さらに、このようなオンラインの学習方法には、同期型学習と呼ばれるリアルタイムで教授者と学習者がつながって学習が行われるものに加えて、教授者側が配信した録画ビデオや各種の課題を学習者が自分の好きな時間に視聴する非同期型（オンデマンド）学習と呼ばれる方法もあります。このような学習形態を活用することにより、必ずしも教授者と学習者が同じ時間、同じ場所にいなくても、好きなところで、好きな時間に学習が可能となっています。

　活動のオンライン化と並行して、教材の提示や課題の提出・返却、学生間・学生と教師間のやりとり、成績記録の管理などをオンラインで一元的に扱える LMS（Learning Management

System、例：Moodle, Blackboard, Google Classroom, manaba）を利用する言語教育機関も増えてきています。

　厳密に考えると、このような授業媒体あるいは管理システムの利用は、この章で注目する活動の「内容」そのものではありませんが、どのような方法で活動が実施されるかにより、内容の形式が大きく左右されることがあります。その観点から、みなさんのプログラムではどのような媒体を利用しているか、その現状を確認してみましょう。

> **テンプレートの記入例**
>
> ● 地域日本語教室の場合
> 　原則対面、大雪などの災害時はオンライン。
> 　　　　　　　　　　　　　　　　　　　　　　　　　➡ 参考：7章7.1
>
> ● 進学中心の日本語学校の場合
> 　対面授業が原則。新型コロナウイルス感染症（COVID-19）対策が必要だった時期は、オンライン授業を行い、一部ハイブリッド型の授業も行った。教室内では、科目や授業内容により、対面授業の他、グループ、ペア、個人指導も行っている。
> 　　　　　　　　　　　　　　　　　　　　　　　　　➡ 参考：7章7.2
>
> ● 海外の大学の日本学専攻の日本語プログラムの場合
> 　基本は対面授業。必要に応じてオンライン授業。
> 　　　　　　　　　　　　　　　　　　　　　　　　　➡ 参考：7章7.6

4.4.2　どのぐらいのクラスサイズ（例：少人数クラス、個人指導、グループ学習）で、どのような学習形式（例：講義 - 演習型／ゼミ形式／グループ学習など）によって実施されるか

　対象となるプログラムの主な活動単位（科目等）でのクラスサイズ（1クラスの人数）はどのぐらいですか。クラスサイズの条件により、学習活動の方法が左右されることもあります。大学などで100人が受講する階段教室は講義には向いているでしょうが、授業中にグループ活動を行うにはかなり工夫が必要でしょう。同じ言語教育でも読解授業なら30人くらいでも可能かもしれませんが、会話練習なら教師／学習支援者の目配りができるように10人程度で行うのが望ましい、というように対象となる学習技能でもクラスサイズの検討が必要になります。

　学習形式についても、学習の目的に合わせて、講義－演習型やゼミ形式、あるいはグループ活動、フィールドワーク（見学・調査）などさまざまなものを組み合わせることが多いでしょう。また、自律型学習を促すことを目的に、空き時間を利用してのウェブ上の動画の視聴や個別のオンライン学習も併用されることがあります。さらにSlackやMicrosoft Teamsのようなツールを利用して、情報共有や意見交換、成果の報告を行う例もよく耳にします。みなさん

のプログラムではどのようなものを利用しているか記入してみましょう。

> **テンプレートの記入例**
>
> ● 地域日本語教室の場合
>
> 　　1) 対話活動クラス：外国人定住者と支援者の協働で対話活動をする場。学習者レベルは初級から超級まで合同で１クラス。支援者と１：１の対話。支援者を入れて最大 20 名まで（最後の発表ができる人数にするため）。
>
> 　　2) 入門クラス：原則、教師主導で、教室内で実施する。支援者に対話相手を依頼することもある。学習者レベルはゼロ〜 A2 程度まで。クラスサイズは 15 名まで（コミュニケーション重視にするため）。
>
> 　　3) 保育：対話活動クラス参加の親のための、子どもの保育が目的だが、子どもや親に就学前教育もする。
>
> 　　　　　　　　　　　　　　　　　　　　　　　　　　➡ 参考：7 章 7.1
>
> ● 進学中心の日本語学校の場合
>
> 　　通常、最大 15 名までのクラスで講義型の一斉授業を行う。来日の遅延や欠席などで出遅れた学生には個人指導も行う。グループワーク、ペアワーク、個人作業も積極的に取り入れている。個人学習の総仕上げとして、各学期末に、自分でテーマを決めて情報を集め、パワーポイントにまとめたものを発表させている。週に１回、レベルの区分を外した多読の時間を設けている。
>
> 　　　　　　　　　　　　　　　　　　　　　　　　　　➡ 参考：7 章 7.2
>
> ● 理系の大学院の日本語プログラムの場合
>
> 　　各コースとも 10 人から 15 人程度の少人数クラス。文型や語彙導入を伴う会話練習が基本だが、漢字や漢字語彙などは講義形式も含む。
>
> 　　　　　　　　　　　　　　　　　　　　　　　　　　➡ 参考：7 章 7.5

4.4.3　どのような教材を用いているか（例：書籍／動画／生教材／ウェブ教材など）

　以前は、教材と言えば、主に印刷・製本された教科書や問題集を指し、それ以外には、新聞記事や雑誌記事、あるいはその言語の使われている実物（例：レストランのメニュー、電子機器のカタログ）のような生教材を指すことが普通でした。しかし、次第に映像教材あるいは動画が教室でも用いられるようになり、今ではウェブ教材や電子教科書、さらに対象者（学習者等）の個々の学習ペースに合わせられるオンデマンド教材なども手軽に用いられるようになりました。みなさんのプログラムでは、どのような教材が用いられているか記入してみましょう。

テンプレートの記入例

● **大学の留学生別科の日本語プログラムの場合**

市販主教材、担当教師が作成した教材、担当科目に適した新聞や動画などの生教材、受験対応の練習問題

➡ 参考：7章 7.4

● **理系の大学院の日本語プログラムの場合**

テキスト（書籍）と導入や練習に必要な教材は PPT、ビデオ、生教材など、扱う項目によって適宜使用

➡ 参考：7章 7.5

● **海外の大学の日本学専攻の日本語プログラムの場合**

1、2年生は市販教科書を使用。2年生は加工した生教材も使用。4年生はすべて、生教材（ウェブ上のコンテンツ、動画を含む）。

➡ 参考：7章 7.6

4.4.4 どのようなシラバス（学習項目一覧）[注3]タイプか（例：構造（文法）、機能、技能（スキル）、場面、話題（トピック）、行動・体験中心の活動など）

　学習内容（項目）を一覧にしたものを「シラバス」と呼びますが、言語教育のシラバスは、何を基本として学習項目を組み立てるかによって、構造（文法）シラバス、機能シラバス、場面シラバス、話題（トピック）シラバス等に分類できます。例えば、大学・専門学校進学を目標にするコースの活動単位（科目等）では、漢字・語彙や発音、レポート・論文の書き方など、特定の知識やスキルに焦点を当てた技能（スキル）シラバスも用いられます。また、近年、文化庁では[注4]、生活上の行為事例に対応した行動・体験中心の「標準的なカリキュラム」を推奨していますが、これは課題（タスク、Can-do）シラバスとも呼ばれます。一方、日本国外の日本語教育を中心に、文化的な内容のシラバスを基本にすることもありますし、主に初中等教育では、言語の項目だけでなく、21世紀型スキルやコンピテンシーと呼ばれる、社会で活動する力、異文化理解能力なども、教育上の目標としてシラバスに盛り込まれています。

　このようにシラバスのタイプは多様ですが、実際には、長期的に学習するプログラムの初級では構造（文法）シラバスが採用されることが多いようです。ただし、例えば文法項目を基本としたシラバスの場合でも、文法項目以外は扱わないということではなく、通常、各種の機能、技能、場面、話題なども学習内容として組み込まれています。あるいは、話題シラバスを基本にして、季節に合わせた話題や文化行事などを扱う場合でも、その中で文法や語彙などの言語項目が扱われることは多いでしょう。日本での就労者向けの日本語学習プログラムのように、早く生活できるようになることが重要な対象者に対しては、主に話題シラバスや場面シラバス、あるいはそれらのシラバスを組み合わせたものが取り入れられています。

また、事前に学習内容・計画を設定せずに、対象者のニーズ、年齢、職業などによってその都度、教材を選ぶなどして学習内容を決めていくこともあります。地域の日本語教室などでは、そのような方法がしばしば見られます。その場合でも、どのような教材を使ったかを記録しておいて、教師／支援者間で共有しておくことで継続的な学習の軌跡が残っていきます。こういったやり方でシラバスを決めていく方法は、プログラム開始前に準備しておく「先行シラバス」に対して、「後行シラバス」と呼ばれています。

　シラバスの決定は、活動単位（科目等）やカリキュラム、あるいはプログラム全体の目標との整合性に関わる問題です。対象となる活動単位（科目等）ではどのようなシラバスが用いられているか、テンプレートに記入して確認してみましょう。

 テンプレートの記入例

● **地域日本語教室の場合**
　1）対話活動クラス：トピックシラバス的な活動が多い。行動・体験中心の活動やケース学習もある。後行シラバスになることも多い。
　2）入門クラス：トピックシラバスの中に構造シラバスを取り入れている。先行シラバスが多い。

➡ 参考：7章 7.1

● **進学中心の日本語学校の場合**
　シラバス・指導法はレベル、教科、テキストに応じて多様。初級のメインテキストはタスクシラバス、場面シラバス、構造シラバスの混合。副教材は場面を中心に四技能の実践力の育成を図る総合教材。聴解、漢字、作文は主に場面シラバス、機能シラバスの混合。受験対策はスキル別、かつレベル別に編集された問題集が中心。
　（行動体験中心の活動として、ゲストスピーカーの話を聞く、外部の催し（地域の祭りなど）への参加も含む。）

➡ 参考：7章 7.2

● **大学の留学生別科の日本語プログラムの場合**
　主教材は複合的なシラバス。応用として口頭表現・文章表現など技能別シラバスを基本とするも、それぞれ場面・話題などが要素として含まれている。

➡ 参考：7章 7.4

4.4.5　どのような教育方法が用いられているか（例：直接法／媒介言語使用可、コミュニカティブアプローチ、タスク中心の教授法など）

　みなさんのプログラムではどのような教育方法を採用していますか。教育方法は目標と合っているでしょうか。

　媒介言語はどうでしょうか。例えば日本語の指導中に日本語以外の言語を使用できますか。

それとも日本語だけですか。教室内の対象者（学習者等）の母語が多様で共通言語が日本語しかない場合や、できる限り日本語を使用する環境を作ろうとする場合には、日本語のみを使用する直接法がしばしば用いられます。

また、教室での実際の活動内容を左右するのが教授法です。各種の教授法は、応用言語学や心理学、教育学などの考え方に基づいて生まれました。例えば、文型のパターン練習の背景となっているオーディオリンガルメソッドや、ロールプレイやタスク中心の教え方の基になっているコミュニカティブアプローチなどがあります。また、CEFRや「日本語教育の参照枠」のようなCan-do形式の言語行動目標が重視されるようになってきて、文法指導などの言語形式だけでなくタスク練習などで技能、場面、言語機能、ストラテジーなどにも配慮した学習や文化を取り入れた学習が重要になってきています。近年では、CLIL（内容言語統合型学習）という言語学習と内容の学習を統合させた方法なども増えています。

みなさんのプログラムではどのような教育方法を用いていますか。あるいは、活動単位（科目等）によってさまざまな方法を組み合わせていますか。テンプレートに記述して目標との関連性や特徴的な教育方法を確認してみましょう。

 テンプレートの記入例

- **地域日本語教室の場合**
    1) 対話活動クラス：対話活動
    2) 入門クラス：トピックを中心にして、日本語構造をある程度組み立てていく形。学習者が日本語にさらされている状況を活性化する方法。

    ➡ 参考：7章 7.1

- **理系の大学院の日本語プログラムの場合**

    媒介言語も使用可。導入項目によって、アプローチは選択的で、柔軟なコミュニカティブアプローチで、担当する教員が判断する。

    ➡ 参考：7章 7.5

- **海外の大学の日本学専攻の日本語プログラムの場合**

    媒介語は必要なときに使用。コミュニカティブアプローチ、タスク中心の教授法も用いる。

    ➡ 参考：7章 7.6

Template 4.5　各活動単位（科目等）での評価方法、プログラム修了の認定

4.5.1　各活動単位（科目等）でどのような評価方法が用いられているか
　　　　（例：筆記テスト、会話テスト、プレゼンテーション、レポート課題など）

　ここで扱う「学習・教育の評価」とは、「教師／学習支援者による、プログラムの対象者（学習者等）に対する学習成果の評価」のことで、具体的な到達目標がどの程度達成されているかを確認するものです。学習成果を知るには、一定期間に学習した内容の理解・定着の程度を測るための試験や提出物などを課すことが一般的です。試験には、文法や語彙の知識、読解力などを測る筆記テスト、聴解・読解・会話・プレゼンテーション・作文・レポートなどのパフォーマンステストなど、さまざまな形式が用いられます。また、日々の学習の成果の記録として、漢字や語彙の小テストなどの結果、あるいは授業への積極的な参加態度が評価の情報として利用されることもあります。これらの複数の方法が用いられる場合、それぞれがどのような割合で合算されて成績が算出されるのか、また、このような評価がプログラム期間中のどの時期に何回程度実施されるかも、成績をつける場合には重要な情報です。

　さらに最近では、例えば作文や動画でのパフォーマンスや、振り返りの記録のような点数化できないような成果を学習の記録として保存していく「ポートフォリオ」も評価として取り入れられるようになってきています。

　これらの評価活動は、成績表に記載するために実施されると思われがちですが、その活動単位（科目等）で設定された到達目標がどの程度達成されたかを明らかにすることが本来の目的です。評価は成績をつけるかどうかにかかわりなく、評価結果を受け取った対象者（学習者等）が、自分の学習に対する進捗の程度や長所や弱点を知ることができて、学習継続の意欲を高め、次の目標を立てることにつながるようにしたいものです。そして、教師にとっては教育方法を振り返る材料になります。みなさんのプログラムの主な活動単位（科目等）では、どのような方法で評価が行われていますか。

 テンプレートの記入例

● **地域日本語教室の場合**
　　原則、学習者への評価はなし。支援者については、どのような学習者と対話できるかなど、教師や支援者リーダーがマッチングの必要上、評価する。
　　　　　　　　　　　　　　　　　　　　　　　　　　　　　➡ 参考：7章 7.1

● **大学の留学生別科の日本語プログラムの場合**
　　筆記テスト、会話テスト、日本語作文、発表、出席率、宿題の提出
　　　　　　　　　　　　　　　　　　　　　　　　　　　　　➡ 参考：7章 7.4

● **海外の大学の日本学専攻の日本語プログラムの場合**
　　週ごとの小テスト、学期末テスト、課題などは平常点として30％の比重、学年末最終試験が70％と計算し、成績を付与。

➡ 参考：7章 7.6

4.5.2　プログラム修了の認定はどのように行われるか

　規定された必要な活動単位（科目等）に対して一定のレベルの成果をおさめた場合、みなさんのプログラムでは、どのように修了認定が行われるでしょうか。多くの場合、責任ある立場の教員が会議などの場で、各対象者（学習者等）が所定の学習を終えていることを確認するという形で修了認定が行われています。

　では、修了認定とは、対象者にとってどのようなメリットとなるでしょうか。多くの場合、対象者が対象の言語や文化をどれだけ学習し、どの程度習得できたかが正式に認定されることで、職に就くことが可能になったり、より高いレベルに進級・進学が認められたりします。みなさんのプログラムは、そのような認定の機能がありますか。

テンプレートの記入例

● **地域日本語教室の場合**
　　なし

➡ 参考：7章 7.1

● **大学の留学生別科の日本語プログラムの場合**
　　出席率が70％以上で、上記の試験が60％以上のものに対して修了認定。

➡ 参考：7章 7.4

● **海外の大学の日本学専攻の日本語プログラムの場合**
　　最終学年の学期末試験で合否決定。

➡ 参考：7章 7.6

[注]

1　CEFRとは、欧州評議会が2001年に域内の言語教育・学習・評価の指針として発表したCommon European Framework of Reference for Languagesの略です。
2　「にほんごチェック！」https://www.nihongo-check.bunka.go.jp/（2023年4月5日閲覧）
3　本書の他の部分では、主として「シラバス」をある科目の達成目標や教材、学習の方法、具体的な日々の学習スケジュール、そして成績算出方法などについて書かれた授業／学習計画表の意味で用いていますが、この節では、「学習項目の並べ方」の意味で用います。
4　日本語教育に関することは、2024年4月に文化庁から文部科学省に移管されています。

[参考文献]

文化審議会国語分科会 (2021).「日本語教育の参照枠　報告」
https://www.bunka.go.jp/seisaku/bunkashingikai/kokugo/hokoku/pdf/93476801_01.pdf　（2023年4月5日閲覧）

Check ☑

- ☐ プログラムの時間的枠組みはどうなっているか、理解できていますか。
- ☐ プログラムの活動単位（科目等）の構成はどうなっているか、理解できていますか。
- ☐ 活動単位（科目等）の目標や特性（例：指導媒体、クラスサイズ、学習形式、教材の種類、シラバスタイプ、指導方法など）が理解できていますか。
- ☐ 各活動単位（科目等）での評価の方法、プログラム修了の認定について、理解できていますか。

Next Step

- 自身の関わっているプログラムの学習・教育の特徴が見えてきましたか。それらは基本理念・使命や目標と一致していますか。
- 上位・(中位)・下位目標のつながりを考え、プログラムの内容、方法、評価を見ることで、それぞれの妥当性が確認できますか。
- 3章で扱っているリソースや5章で扱っている実施・運営で出てくる課題も合わせて見ることで、さらに俯瞰的な視点からプログラムの活動内容について考えることができますか。ヒト・モノ・カネ・情報などのリソースをうまく活用できているか、考えてみましょう。

5章 言語教育プログラムの実施・運営

あるあるトーク これで授業がスタートできるの?!
［大学の学期初め、主任のところに日本語教師たちが…］

A：主任！　教室に学生の数の椅子と机がありませんでした。2人で1つの椅子に座ってもらったり、床に座ってもらったりして何とか1時間終わりましたが……。

B：主任！　Yさんは一生懸命なんですけど、ひらがなが全然お手本通りに真似できないんです。集中力もないし、何か特別支援が必要かも。私の手には負えそうにありません……。

C：主任！　この予定だと宿題は木曜に提出、金曜日の小テストの前までに返却することになっていますが、私は水曜日1日しかこの学校に来ないので、無理です……。

本章の概要

　本章では、テンプレート中央部の【実施・運営】領域に注目します。

　この章では、2章で確認した「基本理念・使命」のもとにある「目標」を達成するために、3章で検討したヒト・モノ・カネ・情報などの「リソース（資源）」を用いて、4章で取り上げたプログラムの「学習・教育の活動内容」を、どのように「実施・運営」するのか、そのためにどのようなことについて検討や準備をしなければならないかを記述していきます。

　言語教育プログラムを実施・運営するということはどういうことでしょうか。いつの時点で、だれが何をどのように決めているか、使える資源を、制約も踏まえてどのように活用しているのか、そして、それが適切に行われているかどうかチェックする仕組みはあるか、順番にテンプレートに記入しながら、考えていきましょう。

　5.1では、プログラムの具体的なスケジュールをだれがどのように決めているのかを見ます。次に5.2ではプログラムを提供する側、すなわち実施・運営する「ヒト」である教師や学習支援者および運営スタッフなどがどう決まるか、5.3ではプログラムを受け

る側の対象者（学習者等）が選考などを経てどう決まるかを確認します。

　5.4 と 5.5 では、4 章で確認した学習・教育活動を具現化していくために、具体的な授業計画を記すシラバスや時間割の作成、担当科目やクラスなどへの教師・学習支援者の配置、教室や教具などの施設・設備の配置、情報共有などがどう行われているかを概観します。

　5.6 では組織内の他部署、あるいは他機関との連携のようすを見てみましょう。5.7 では、対象者（学習者等）や教師・学習支援者、運営スタッフなどの「ヒト」に対して、学習支援、生活支援、職能開発支援など、それぞれの「ヒト」が最大限可能性を発揮できるような支援をどのように行っているかを考えてみます。

　5.8 では、自己点検・自己評価などの名称で定期的に行われるのが望ましいとされる、プログラム活動の成果の振り返り、評価を見ていきます。そして、浮かび上がった問題点を改善するシステムがどのように構築されているかをチェックします。

　最後に、5.9 では、災害や感染症の拡大、あるいは情報漏洩などのさまざまな危機への対応の体制がどうなっているのかを確認します。

　この段階は、PDCA サイクルの P（＝ Plan 計画）と D（＝ Do 実施）の段階です。

Template この章で取り上げるテンプレートの質問

5.1 実施・運営スケジュール
5.1.1 プログラム実施・運営のスケジュールは、いつだれがどのように決めるか

5.2 教師・学習支援者および運営スタッフ
5.2.1 教師・学習支援者および運営スタッフは、いつだれがどのように決めるか（採用・配置）

5.3 対象者（学習者等）
5.3.1 対象者（学習者等）は、いつだれがどのように決めるか（募集・選考・受入れ）

5.4 シラバス・時間割等
5.4.1 シラバス、時間割等はいつだれがどのように作成するか

5.5 リソース（資源）の配置と共有
5.5.1 「ヒト」の配置をどうするか
5.5.2 「モノ」の配置をどうするか
　5.5.2.1 「場所」の配置をどうするか
　5.5.2.2 その他の「モノ」の配置をどうするか
5.5.3 「情報」の共有をどうするか

5.6 他部署・他機関との連携
5.6.1 組織内関連他部署との連携をどうするか
5.6.2 組織外との連携をどうするか

5.7 「ヒト」への支援
5.7.1 対象者（学習者等）への支援は、どのようにしているか
5.7.2 教師・学習支援者および運営スタッフへの支援は、どのようにしているか

5.8 プログラムの点検・評価システム
5.8.1 プログラムの点検・評価はいつだれがどのように実施するか
5.8.2 どのような証拠資料（エビデンス）をいつだれがどのように保存するか
5.8.3 問題点の改善をいつだれがどのように行うか

5.9 危機管理／リスクマネジメント
5.9.1 危機管理／リスクマネジメントはだれがどのようにしているか（例：感染症、自然災害、情報漏洩、誹謗中傷）

Template 5.1　実施・運営スケジュール

5.1.1　プログラム実施・運営のスケジュールは、いつだれがどのように決めるか

　この項目には、みなさんの関わるプログラムでは年間を通しての活動計画をいつの時点でだれがどのように決めていくかを記入します。

　言語教育プログラムを実施するには、実施期間、対象者募集、教師・学習支援者募集、必要に応じての目標言語調査[注1]、対象者のニーズ・レディネスの調査と分析[注2]、プレースメント（クラス分け）、オリエンテーション、期末試験、成績提出期日など、いろいろと計画しなければならないことがらがあります。特に教育機関の場合、少なくとも数カ月前までに協議し必要な承認を経てから、共有されるのが常です。プログラムのスムーズな運営には、さまざまな条件を考慮しつつ、短期並びに長期の年間活動計画が事前に組み立てられている必要があります。みなさんの関わるプログラムでは、どのように活動計画が立てられているのか、また、その活動計画はだれが決めているのか、計画を立てるために対象者（学習者等）などからの要望を聞き入れる体制になっているのかも確認して、記入してみてください。

テンプレートの記入例

- **地域日本語教室の場合**
  支援者と教師とコーディネーターが年度末に合議で決定する。
  ➡ 参考：7章 7.1

- **進学中心の日本語学校の場合**
  年間スケジュールは1月ごろに、前年度を参考に、スケジュール担当教員が教務主任や事務方と相談しながら暦を見て決める。
  ➡ 参考：7章 7.2

- **日本語教育サービスを提供する会社の場合**
  社長が顧客の希望を聞き取り、決める。あるいは、入札情報の中にあらかじめ盛り込まれている。
  ➡ 参考：7章 7.3

Template 5.2　教師・学習支援者および運営スタッフ

5.2.1　教師・学習支援者および運営スタッフは、いつだれがどのように決めるか（採用・配置）

　この項目は、プログラムの実施・運営にかかわる「ヒト」のうち、教師・学習支援者や運営スタッフが、いつ、どのように決まっているのかを記入するところです。

　新規の採用においては、教師・学習支援者および運営スタッフにどのような経験、スキルが必要で、どのような条件（常勤か非常勤、短期か長期など）での採用かを決める必要があります。加えて、公募するのか、公募せずに関係者に紹介を依頼するのか、公募の場合はどこに求人情報を流すのかも決めなければなりません。採用ではなく、すでに組織に在籍する人の配置換え・異動が必要となる場合もあるでしょう。これらの決定を、いつ、だれが行っているか書いてみましょう。学校であれば事務系の管理職と教務主任が相談して進めることがあるでしょうし、企業内プログラムであれば経営者の一存ということもあるかもしれません。人事権を掌握している人と現場の担当者の間で、必要な人材の人数やスキル、採用の時期などの優先順位が異なっているときには問題が生じやすくなります。この項目に記入しながら、「ヒト」の採用および配置について、関与する人たちの間で情報共有ができているか、考え方に大きなズレがないか、確認してみましょう。

 テンプレートの記入例

● 地域日本語教室の場合

　支援者は、原則だれでも受け入れるが、支援者養成講座受講を勧めている。教師は地域日本語教育コーディネーターと国際交流協会の総括コーディネーターが年度初めに採用及び配置を決める。

→ 参考：7 章 7.1

● 進学中心の日本語学校の場合

　教師の募集は公募や人的ネットワークを使った欠員補充の形で、遅くとも学期開始の 3 か月前を目途に行われる。選考は、校長、教務主任と専任が書類審査、模擬授業を含めた面接で決める。

→ 参考：7 章 7.2

Template 5.3　対象者（学習者等）

5.3.1　対象者（学習者等）は、いつだれがどのように決めるか（募集・選考・受入れ）

　プログラムは、そもそも対象者（学習者等）がいなければ成り立ちません。対象者（学習者等）をいつだれがどのように決めるかは組織によって異なります。みなさんの関わるプログラムについて記述していきましょう。

　すでにプログラムを運営している教育機関の多くは、既存のプログラムを運営・継続していくために対象者を確保することになります。そのために、例えば、日本語学校であれば学生募集を請け負う海外のエージェントと契約をしたり、高等教育機関であれば海外の教育機関と学生交換などの協定を締結したりすることもあります。選考のための試験を実施することもあるでしょう。この選考方法や選考基準はいつ、だれがどのように決めているでしょうか。

　一方、地域コミュニティーで言語学習を必要とする人たちのために、その人たちのニーズに応じてプログラムが実施される場合もあります。例えば、日本国内の公立学校に海外から転入してきた外国籍の児童・生徒等のための日本語学習支援や、特定技能ビザなどで就労のために来日した人々など、地域に在住する人々のための日本語学習プログラムを実施するような場合です。このような場合は、いつ、だれがどのように受け入れを判断しているでしょうか。

　どのような対象者（学習者等）を受け入れるのかは、プログラムの成否に影響し、組織としての理念や目標にも関わってきます。他国からの募集の場合、入学に必要な書類をすべて揃え、すべてを訳して入管に提出しても、諸事情から入国が認められないこともあります。予定した定員が集まらない場合には、日本語能力などの受け入れ条件レベルを下げてでも必要数を確保するか、一定の能力レベル基準は維持するかという選択を迫られることもあります。これらの決定をだれがいつ、どのようにしているか、記入してみましょう。

　対象者の決定はプログラムの実施・運営に大きく影響します。計画されたプログラムの内容で実施できるのか、それともプログラムで実際に受け入れることになった人のニーズに合わせて内容を変更、あるいは新規に準備しなければならないのかが変わります。また、言語学習の場合、参加学習者間の能力差も無視できません。1クラスで運営しなければならない程度の人数でも、学習者間で既習レベルに大きな差がある場合、授業運営に大きな支障が出ます。それを解決するには、能力差に合わせた幅広いクラス編成が理想ではありますが、そのためには追加の教師・学習支援者や教室などのヒト・モノ・カネの条件も併せて検討が必要となります。具体的な対象者の人数や必要なレベル、クラス数の見通しが立たないと、教員の配置などができず、なかなかプログラムの準備を始めることができません。記入しながら、このような問題が生じていないかも確認してみましょう。

> **テンプレートの記入例**
>
> ● **海外の大学の日本学専攻の日本語プログラムの場合**
>
> 書類選考を通過した入学希望者のうち、全国統一大学入学試験で指定以上の成績を獲得した者を受け入れる。また、学部内の入学選考委員が面接をして受け入れる場合もある。
>
> ➡ 参考:7章 7.6
>
> ● **個人教授の場合**
>
> 依頼があり、お互いの都合と相性をみる。教師として自分で対応できるかが判断の基準。

Template 5.4　シラバス、時間割等

5.4.1　シラバス、時間割等はいつだれがどのように作成するか

　プログラムの全体的な学習計画を示すカリキュラムに関しては4章で確認しましたが、そのカリキュラムを構成する各活動単位（科目等）での目指す達成目標、使用する教材、具体的な学習内容や学習方法、そして、小テストや試験・課題などの詳細とその評価方法などを記したシラバス（授業計画表）は、どう作成されているでしょうか。多くのプログラムでは、シラバス（授業計画表）は年度が始まる前に主任やコーディネーターを中心に作成され、公開されることが求められているでしょう。みなさんのプログラムでは、シラバスを、いつ、だれがどのように作成しているか、記入してみましょう。同じ活動単位（科目等）を複数のクラスやセクションで、かつ異なる担当者で開講する場合、担当者間で話し合って、授業の実施スケジュールや内容・方法をシラバス作成の前に決めることができているかどうかも確認しましょう。

　また授業を実施するためには、時間割をどのように組むかもプログラム運営の重要な要素です。特に大学のような大きな教育プログラムの一部として日本語教育が含まれる場合、他の科目（特に必修科目や重要科目）と日本語科目の授業時間が重複しないようにするという配慮がどのように行われているか、見てみましょう。そして、時間割がいったん決定した時点で、次節の教師・学習支援者の配置、教室の配置を検討していきますが、非常勤講師の出勤日や教室の定員のような条件によっても調整が必要となります。みなさんのプログラムの時間割は、いつの時点でだれが決めているか、テンプレートに記入してみてください。

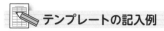 **テンプレートの記入例**

● **進学中心の日本語学校の場合**

初級は、時間割とシラバスは既にできているものを基とする。中上級は、クラス担任が、学生の国籍、学習歴、希望進路と非常勤講師の出勤日等を考慮しながら、前年度を参考に学期開始前にシラバスと時間割を決定する。

➡ 参考：7章 7.2

● **海外の大学の日本学専攻の日本語プログラムの場合**

新年度半年前に、大学規定のフォーマットにて、主任とコースリーダーがシラバスを作成。

年度末3か月前にコーディネーターが学科内で次年度の他の必須科目の時間割、適切な教室確保、教員の時間割などを検討、学科内で協議し、時間割を策定。

➡ 参考：7章 7.6

Template 5.5　リソース（資源）の配置と共有

5.5.1 「ヒト」の配置をどうするか

「ヒト」の配置には、対象者（学習者等）の配置と教師・学習支援者の配置があります。それぞれの配置がどのように決められているか、記入してみましょう。

まず、対象者ですが、日本語学習レベルや対象者のニーズ別に配置（レベル分け、クラス分け）を行うことが一般的です。組織としてプレースメントテストや面接などの手続きが決まっている場合もあるでしょうし、教師の判断に任される場合もあるでしょう。加えて、決定された配置を変更することができるかどうか、その配置に対象者が希望を述べることができるかどうかなどを書きましょう。

次に、教師・学習支援者の配置について書いてみましょう。対象プログラムではどの科目をどの教師・学習支援者が担当するのかを決める必要がありますが、実際に配置を決める際にはさまざまな調整が発生します。特に非常勤講師の場合は、授業担当が可能な日時や担当時間数の調整が不可欠です。また、チームティーチングを行う場合には、各教師・学習支援者の指導経験や得意分野などの条件の組み合わせも重要になります。教師・学習支援者の条件を踏まえ、ふさわしいレベルやスキル、内容を担当することが望ましいのですが、みなさんが関わるプログラムではだれがどのように配置を決めているか、記入してください。

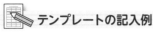テンプレートの記入例

● 地域日本語教室の場合

　　教師の配置は年度初めに、相互に協議した上でコーディネーターがする。学習支援者は、必要に応じて、適宜支援者リーダーと教師とコーディネーターが配置する。
　　対象者は、希望などを聞いて、適当なコースを決める。希望が合わない場合は、プライベートレッスンで対応したり、他の教室を紹介したりしている。

➡ 参考：7章 7.1

● 理系の大学院の日本語プログラムの場合

　　学習者は、まずプレースメントテストを受け、レベルにあったコースを選択する。希望のコースがあれば担当教員と相談して決めることが可能。教師の配置は、教師の時間を優先するが、学習者の専攻の専門科目の時間と重ならないように調整する。

➡ 参考：7章 7.5

5.5.2 「モノ」の配置をどうするか
5.5.2.1 「場所」の配置をどうするか

　教室やオフィスなどの施設・整備も検討しなければなりません。学習環境、執務環境を整備することにより、よりよい成果が得られる可能性があるからです。この項目には、場所の配置はいつの時点でだれが何を考慮して判断し、決定しているかを記入してみましょう。また、記入する際に、以下に述べるような点が考慮されているかも合わせて確認してみましょう。

　まず、学びの「場」を見てみましょう。例えば「教室」についていえば、対象者全員を収容できる広さはもちろんのこと、リスニングのクラスでは静かな教室がほしい、スピーキングのクラスでは自由に動き回れる場所がほしいなど、要望はさまざまあります。デジタル環境が整った教室のニーズもあるでしょう。一方、地域日本語教育や企業内教育など、教育機関ではない場所で行われる言語教育プログラムの場合には、そもそも教室として使える場所の手配から必要になることもあるかもしれません。

　次に、昨今急激に増えてきたオンラインでの学びの場ですが、オンライン学習の成立には、対象者（学習者等）側、教師・学習支援者側の双方ともに必要な機器とインターネットに接続できる「場所」があることが前提です。また、対象者（学習者等）にとって、オンライン学習ができる場所を確保するのは、思いのほか大変なこともあります。インターネット接続があり、静かな場所ということで、図書館でオンライン授業を受ける場合、視聴はできても発言はできないことになります。他方で、教師・支援者はオンライン活動のコンテンツを制作するために静かで機材の整った場所が必要になります。このようなオンライン学習を提供するための場所の配置が適切にされているかも考えてみましょう。

　さらに、対象者の個別のニーズへの対応が求められることもあります。例えば、筆者の一人

が経験した事例では、車いすを常用する学習者がおり、緊急時にすぐに避難できるように教室は1階でなければならないということがありました。また、強度弱視の学習者がいて、A3サイズの拡大コピーを使用するため、大きめの机のある、明るい教室が必要となったこともあります。このような要望やニーズを踏まえて、「場所」の配置がなされているでしょうか。

さらに、教師・学習支援者、運営スタッフのための場所についての配慮があるかどうかも見てみましょう。例えば、教師は出勤したら、まずどこに行くでしょうか。学校などでは、職員室・講師室があったり、大学では研究室があったりして、ロッカーや机などを備えた居場所、コートや荷物を置く場所が提供されます。一方、非常勤講師や個人教授の中には、自分の持ち物を全部持って教室にまっすぐ出勤し、授業が終わったらそのまま帰るという状況もあります。このような場所や設備の配置も、実は教職員の間での円滑な情報交換や好ましい人間関係づくりに影響を与える、言語教育プログラムでは重要な要素の一つです。みなさんが関わるプログラムの学びの「場」はどうなっているでしょうか。記入してみましょう。

 テンプレートの記入例

- **日本語教育サービスを提供する会社の場合**

  派遣されて教えに行っている某会社では、当初は会議室が使えると言っていたが、現在は応接室で授業を行っている。ホワイトボードはもとより机もなく、学習環境としては適していないが、文句も言えない。

  ➡ 参考：7章7.3

- **大学の留学生別科の日本語プログラムの場合**

  教室の配置は、教務担当者が決めているが、長期にわたってほぼ決まっている。また、常勤には決まった個室があり、非常勤講師の準備室として教室近くに講師室が配置されている。

  ➡ 参考：7章7.4

- **海外の日本語専攻プログラムがある大学の場合**

  教室は、時間割と人数を基に教務部が機械的に決める。2コマ連続のクラスの場合は同じ教室を、また一人の教員が続けて別の科目を担当する場合は教室移動に不都合が生じないように要請するが、なかなか思うようにいかない。また、常勤教員には研究室があるが、非常勤講師室はない。

  ➡ 参考：7章7.6

5.5.2.2 その他の「モノ」の配置をどうするか

教育現場では、教材、教具が必要です。例えば、プログラムで使用する教科書などの書籍、音声教材、視覚教材、オンライン教材、教師が参考として利用できる文献、生教材用の新聞等、さらに、教室における機材、備品等が含まれます。機関内で教師・学習支援者や対象者が使用

できるパソコンやタブレット、プリンターあるいは、図書、インターネット環境なども、必要な「モノ」です。これらの「モノ」へのアクセスはだれでもできるようになっていますか。

　教室のデジタル環境の整備が望まれている昨今、どのような機材、リソースが必要かを考え、整えていくこともプログラム側には求められます。コンピューターやモニター、ディスプレイ、スピーカーなどが教室に配備されているかによって、教え方も学び方も変わります。

　「モノ」を利用できる環境整備には、「カネ」が絡んできます。例えば、教科書をとってみても、プログラムの予算に含まれているか、対象者（学習者等）や教師・学習支援者の自己負担となるのかなど、差があります。オンライン授業の配信のための会議・ビデオ通話システムには有料のものもあります。「モノ」が不足している場合、みなさんのプログラムではどのように補充されているのか、補充のための「カネ」はどうなっているのか、書いてみてください。

 テンプレートの記入例

● 大学の留学生別科の日本語プログラムの場合

　コースで使用する教科書は教員に貸与される。教材室があり、絵カード、ビデオ、参考書や今までに作成した資料が多くある。必要な文具もそろっている。不足している場合は、主任に伝え、年間予算内だったら補填してもらえるケースが多い。

➡ 参考：7章 7.4

● 海外の日本語教室の場合

　支給される教材はほとんどなく、自前で購入したり、作成したりしている。教師共用のコンピューターがあるが、日本語のフォントがない。コピー枚数にはコースごとに制限がある。

5.5.3 「情報」の共有をどうするか

　プログラムをスタートさせるため、対象者（学習者等）、教師・学習支援者、教室、時間割、そして教材の確保などが進んでいく間にも、関係者がそれぞれの状況を共有していく必要があります。みなさんの対象プログラムでは、どのようにこれらの情報共有を進めていますか。また、それは十分に機能し、活用されているでしょうか。関係者間で適切な情報が共有されていないと、プログラムの実施・運営に支障をきたします。ここでは、情報共有の手段、方法について記入します。

　昨今、情報共有のための手段が、クラウド（インターネット上のストレージサービス）を利用したファイル共有、Eメールや SNS のグループ利用など、多様化、複雑化しています。関係者全員が環境的・物理的・技術的に使いこなせる手段かどうかも、記入しながら確認してみましょう。さらにここで大切なことは、情報共有することが関係者間での運営方法などへの共通理解を促すことにつながっているかということです。チームティーチングを行っている場合は、例えば宿題の取り扱い方一つでも、チームが同じ理念、方針を共有していないと、異なる

対応をされた対象者に不公平感を与えかねません。

　テンプレート記入の際には、日ごろの情報共有の方法や知らされる内容について、問題を感じることがあれば、それもメモしておきましょう。例えば、「非常勤講師への情報共有に課題があると思う」などです。学習者について、常勤講師だけが知っていて非常勤講師が知らないといった情報ギャップがあると、さまざまな状況で理解の差につながるかもしれません。このような気づきが、より大きな課題の発見につながる可能性もあるでしょう。

> **テンプレートの記入例**
>
> ● **進学中心の日本語学校の場合**
>   その日に必要な諸々の情報は、朝の集会で教務主任や事務長が伝達する。全体への告知はこれまでは教員室の掲示板に掲示されたが、最近は教職員共有のLINEの使用が増えている。
>
>   ➡ 参考：7章7.2
>
> ● **大学の留学生別科の日本語プログラムの場合**
>   学期初めと終わりに全体会議があり、非常勤講師も参加。専任講師の会議は隔週開催。それぞれのコースのリーダーがチームを主導していく。Eメールが主な通信手段。コースごとにグループメールを利用している。大学内の連絡は、事務方を通して行われる。
>
>   ➡ 参考：7章7.4

Template 5.6　他部署・他機関との連携

5.6.1　組織内関連他部署との連携をどうするか

　教師・学習支援者は、所属部署に限らず、組織内のさまざまな人々と接触があります。例えば、日々の業務の中で所属部署の運営スタッフが個人の契約や待遇に関することから、教室や備品のことなどまで幅広く対応しています。ある程度の規模の組織では、広報、新規対象者（学習者等）の受け入れ、時間割策定、対象者の生活支援や進路支援など、それぞれに担当部署があり、連携して作業が進められています。経理や施設管理の部署との連携が必要な場合もあります。ここでは所属部署以外に、だれがどのような他部署と、どのような点で連携しているかを記入してみましょう。

> **テンプレートの記入例**

- **進学中心の日本語学校の場合**

  組織も校舎も大きくないので、教師が直接話に行く。学生管理、人事、備品や機材の管理、経理などを数名の事務スタッフが行っている。

  ➡ 参考：7章 7.2

- **大学の留学生別科の日本語プログラムの場合**

  留学生の受け入れを担っている国際交流室との連携が多い。教師として留学生の状況を常に把握しておき、生活面、学業面で問題が生じた場合、主任を通して支援を求める。

  ➡ 参考：7章 7.4

5.6.2　組織外との連携をどうするか

　この項目には、組織外との連携にはどのようなものがあるか記入します。日本語教育では、例えば日本語話者との接触機会を設けるために、日本国内では学校や教育機関が地元市民や自治体に声をかけることがあります。海外の場合は、周囲にいる日本人や日本大使館に、プログラム提供側が声をかけたりします。また、企業訪問やインターンシップを行うこともあります。ときに日本語スピーチ大会、日本祭などを企画し、地元自治体、他の機関などと連携することもあります。

　また、対象者（学習者等）に何か不測のことがあった場合には、警察や入国管理局、大使館、あるいは医療機関などと関わることがあるかもしれません。財政的支援や進路支援を求めて、学校関係者が企業や商工会議所を訪れることもあるかもしれません。さらに、例えば海外の機関で日本への留学制度がプログラムに組み込まれている場合は、その協定校、日本大使館、助成団体などとのやり取りが生じます。プログラムの実施・運営に際して、助成金を得ている場合などには、助成団体との連携が生じます。このような「カネ」に関わる連携も重要な要素です。

　みなさんの関わっているプログラムでは、どのような組織とどのような連携があり、だれが担っているかもわかる範囲で記入してみてください。

表1　組織内外の連携先の例

- 組織内の他部署との連携
    「ヒト」　人事、教務、総務、学生サービス
    「モノ」　施設管理、IT管理、教務、図書館
    「カネ」　財務、理事会、学長室、（地域の場合）自治体
    「情報」　広報、カウンセリングセンター、キャリアサービス

- 他機関との連携
    留学関連機関（海外エージェントなど）、進学関連機関、就職関連機関

- 地域との連携
    地元市民、市民団体　日本人会、日本人コミュニティー、国際交流活動団体
    自治体、町内会、商工会議所、教育委員会、地域の学校
    他の日本語教育機関、教師会、学会、支援団体

- 内外の国／法制度に関するもの
    文部科学省／教育省、法務省（入国管理に関わる省庁など）、厚生労働省（就労に関する省庁など）、大使館や国際交流基金など海外の日本語教育関連組織や団体

テンプレートの記入例

● 進学中心の日本語学校の場合

留学生の身体、精神の健康面で問題が生じた場合、医務室がないので、提携している近くの医療機関へ通訳として常勤教員が付き添うことがある。

➡ 参考：7章7.2

● 海外の大学の日本学専攻の日本語プログラムの場合

留学先の提携校との連携を主に主任が事務方の補佐と行っている。（日本語がわかる）主任が交換留学担当の場合が多く、日本の大学との連絡を密にとっており、また訪問したりしている。さらに、他学科で受け入れた交換日本人学生の問題を日本語で対応する場合もある。

➡ 参考：7章7.6

Template 5.7 「ヒト」への支援

5.7.1 対象者（学習者等）への支援は、どのようにしているか

　プログラムを成功裏に実施・運営するには、対象者（学習者等）が成果を挙げ、満足できることが重要です。ここでは、対象者の活動・授業への参加を円滑にするためのさまざまな支援について記入していきます。

　まず、みなさんの関わる言語教育プログラムでは、対象者に対して、だれがどのような支援を行い、学習環境を整備しているか見てみましょう。例えば、アルバイトに多くの時間を割かれ、勉学の時間がとれない対象者、学校や環境にうまく適応できず授業を休みがちでプログラムの軌道に乗り切れない対象者がいませんか。留学生の中には、過度の期待や日本に対する誤解などで、留学中に挫折するケースもみられます。組織内に、このような問題に対応するカウンセラーや生活指導部門がありますか。また、身体障がいだけでなく、学習障がいや発達障がいを抱える対象者がいる場合には、「合理的配慮（reasonable accommodation）」が必要です。そのために、どの範囲で情報共有をし、具体的にどのような対応がとられているでしょうか。また、そのような状況に対してだれが先導して解決にあたっているでしょうか。プログラム開始前から、実施側は、対象者の背景などをはじめ、対象者が何を目標とし何を求めているかを知り、困っていることがあれば目標達成に集中できるような環境を整える必要があります。対象者に対するこのような支援を、だれがどのように整備し、対応しているか、確認して記入してみましょう。

  テンプレートの記入例

- **地域日本語教室の場合**

　必要に応じて生活支援をするが、体制が整っているわけではない。

　　　　　　　　　　　　　　　　　　　　　　　　　　　➡ 参考：7章 7.1

- **大学の留学生別科の日本語プログラムの場合**

　大学の特別支援室からの情報に基づいて支援する（時間延長、録音許可、事前印刷物配布、締め切り延長等）。学内に英語対応可能のカウンセリングセンターがある。

　　　　　　　　　　　　　　　　　　　　　　　　　　　➡ 参考：7章 7.4

> **Column**
>
> ### 合理的配慮
>
> 　海外のある学校で、ディスレクシア[注3]の学習者に対しては、授業中使用するスライドは授業開始前に紙で提供し、そのほか小テストなどの配布物は「ピンク色の紙」に印刷して渡すようにと特別支援室から指示がありました。これは合理的配慮の一つの例です。そのほかにも、フォントの種類やサイズについての指示、電子ファイルでの教材配付の依頼、パソコンでの受験の許可、試験時間の延長などが求められることもあります。また、うつ病や不安症の学生がいる場合には、授業中どのような注意が必要か、カウンセラーや医師などの専門家からアドバイスを受けることも必要です。授業途中での適切な休憩、試験の別室での受験などを「合理的配慮」として認めることも少なくありません。
>
> 　日本でもこのような事例についてのワークショップやシンポジウムなどが以前より多く開かれるようになってきており、教育現場においてさまざまな「合理的配慮」が行われることが増えています。

5.7.2　教師・学習支援者および運営スタッフへの支援は、どのようにしているか

　どのようなプログラムでも、それを実施・運営する教師・学習支援者および運営スタッフが、その仕事、職場、組織にふさわしい人材として機能し成長していくためには、支援が必要です。みなさんの関わるプログラムでは、どのような支援をだれが行っているのか、書いてみましょう。例えば、教師・支援者としてのスキルアップ、職能開発として、学会や研究会、教師会などの専門家団体への参加は奨励されていますか。研修会やセミナー、勉強会などの活用は奨励されていますか。文部科学省などの政府機関や大学、教師養成機関、国際交流基金、国際交流協会、NPO、現地教師会など、多くの団体が研鑽を積む機会を提供しています。このような機会のほかに、組織内、部署内、仲間内での相談や授業見学、学び合いなど、相互に支援しあう場もありますか。これらの支援が適切にあり、プログラムに関わる「ヒト」がアクセスできる状態になっているか、確認しながら記入してください。

　支援は職能開発だけではありません。5.5で記入したヒト、場所、モノの配置や情報の共有も、教師・学習支援者が役割を適切にこなしながら成長を続けていくために不可欠です。ヒトの成長はプログラムの円滑な遂行や発展に貢献します。このような、ヒトの成長を支える環境づくりには「カネ」も必要です。記入の際には「カネ」が確保されているのかについても確認してみましょう。

表2 実施・運営に関わる教師／学習支援者に対する支援に関する例

職場でどのような支援がありますか。
・ 職能開発：研修会、勉強会など
・ モノ：コンピューター、教材・教具など
・ カネ：研究費、学会参加費の補助
・ 教育に関する情報を共有する場所・機会：オリエンテーション、会議、メンター制度、チームティーチング
・ 専門的助言を得る場所・機会：カウンセリング、ITサービス

 テンプレートの記入例

● 大学の留学生別科の日本語プログラムの場合

非常勤講師に対する職能開発に関する支援はない。非常勤は専ら自己研鑽する以外にない。研究費、学会参加の補助などもなく、自前で賄う。

➡ 参考：7章7.4

Template 5.8　プログラムの点検・評価システム

5.8.1　プログラムの点検・評価はいつだれがどのように実施するか

　言語教育プログラムの適切かつ有効な実施・運営のためには、定期的な点検・評価の仕組みが欠かせません。言い換えれば、このテンプレートが領域として取り上げている【基本理念・使命および目標】を踏まえて、【リソース（資源）】【学習・教育の活動内容】【実施・運営】などが適切であったかを検証することです。問題を見いだし、改善に取り組むことで、継続的にプログラムの質の保証ができ、対象者（学習者等）、教師・学習支援者、運営スタッフ、経営者や行政機関など、関係者および関係組織の多くが満足できるプログラムにしていくことができます。

　点検・評価については6章でも取り上げますが、ここではまず、みなさんの所属プログラムで、点検・評価システムがあるか、だれがいつどのように実施しているのかを記入してください。多くの機関の場合、コーディネーター、主任教員などの指揮のもとで、それぞれの部署ごとに担当者が割り当てられて作業が進められます。実施方法については、時期と対象者を決めてのアンケート調査や面談などがよく用いられます。プログラム終了時に行う授業評価や教師評価などです。みなさんのプログラムではどうなっているか、確認して記入してみましょう。

　次に、点検・評価の観点としてどのような項目が取り上げられているか、目標がどの程度達

成できたかを評価するためにどのような基準が用いられているか、どのように点検結果が公表されているかなども見てみましょう。そして、その点検・評価システムが実際に機能し、改善につながっているかも確認してみましょう。基本的に言語教育プログラムの点検・評価では、【基本理念・使命・目標】（あるいはその下位目標）がどの程度達成できたかが、点検・評価の対象となります。また、そのために【リソース（資源）】の「ヒト」や「モノ」「カネ」「情報」が効果的に運用されているか、あるいはプログラムの効率的な運営に必要十分な量が割り当てられているかなども評価の対象となります。【学習・教育の活動内容】【実施・運営】領域で示すことがらなどが適切であったか、または効果的・効率的に運用されたのかなども検証の対象です。例えば、用いた教材や活動は対象者（学習者等）のニーズに応じたものであったか、課題の量や授業の速さや方法など、授業運営は適切に行われていたか、対象者は満足しているのかなどが、その対象となります。また、教師・学習支援者は満足しているのか、関係者間での意思疎通は十分に行われていたか、一部の教師・学習支援者や運営スタッフなどに業務量や業務内容の点で過度な負担や不公平が生じていないかなども振り返りの観点となります。最近では、人権への配慮から、対象者を含めたすべての関係者に対して、ハラスメントが生じていないか、公正さ、公平さが保たれているかどうかも評価の観点に含まれることが増えています。心身の健康が保たれているかを把握できるようにしておくことも重要です。これらの点検・評価はいつ、だれがどのように行い、改善にどのように活かされているのか、記入してみましょう。

　さらに、このような組織的な定期的活動としての点検・評価だけでなく、教師・学習支援者自身が現場目線で捉えた問題意識のもとで、関係者の声を聴いたり、情報交換したり、必要なデータを集めたりして点検・評価を行い、問題解決、改善を目指すこともとても有意義な取り組みです。確かに時間や手間がかかり面倒なことではありますが、形骸化することなく、適切に実施されれば、問題の改善につながり、活動を継続していくうえでは効果的です。みなさんのプログラムでは、このような取り組みもあるかどうか確認し、あれば書いてください。

> **テンプレートの記入例**
>
> ● **大学の留学生別科の日本語プログラムの場合**
>   学期末に学生に対してコース・プログラム評価のためのアンケート調査を実施するように言われて行っているが、その結果は非常勤には知らされない。
>   ➡ 参考：7章 7.4
>
> ● **個人教授の場合**
>   当初の目標を鑑み、進捗状況を把握するため、定期的にクイズなどを行っている。その上で、学習者と相談しながら、必要な軌道修正を行う。
>
> ● **日本語学校の場合**
>   組織的な点検活動としては、主任が主導して日本語教育振興協会の「教育活動評価」を行っているが、非常勤講師にはどのように問題発見・改善へと結びついているのか不明。
>   ➡ 参考：7章 7.2

5.8.2 どのような証拠資料（エビデンス）をいつだれがどのように保存するか

　点検・評価のためには、評価の目的に合わせて、いつだれがどこからどのように評価材料を収集するかを決めておく必要があります。また、収集した評価材料を保存し、必要なときにエビデンス（証拠資料）として活用できる状態にしておく必要もあります。ここでは、どのようなエビデンスをいつだれがどのように収集し保存するかを記入します。

　少し具体的に見てみましょう。例えば、ある日本語教育プログラムで、対象者（学習者等）が一定期間の学習を行った結果、「日本語ができるようになった」と成果を主張するためには、授業アンケートやヒアリングなどから得られる主観的なデータだけでは十分ではなく、だれもが納得できるような客観的なエビデンスを提示しなければなりません。また、授業で行われた成績判定が公平でかつ適切なものであったということを担当教員は常に説明できるように備えることが求められます。そのために、例えば、小テストや試験を実施した際の得点の記録のみならず、個々の解答用紙をコピーしたりスキャンしたりしたデータをエビデンスとして保存することが求められることもあります。作文や会話テストの録音や録画の記録などの成果物についてもポートフォリオとしてエビデンスに用いることが可能です。このような資料も、確かに学期の最初の記録と最後の記録を比較すれば、そこに学習の進捗状況を見て取れます。また、会議の議事録などは関係者がどのように関わり、どのような判断をしていったかの経過を示す、重要な資料となります。みなさんの対象プログラムでは、だれがどのような資料を、どの評価項目のためのエビデンスとして収集していますか。記入してみましょう。

　適切なエビデンスを収集するためには、計画的で実施可能な保存のためのルールが関係者間で共有されていることが必要です。次章の6.1でも取り上げる業績測定による成果達成の確認などを行う場合には、プログラムの活動を開始する前、あるいは開始する時点でのデータ（ベースラインデータ）を収集し、再度活動終了後に得られる同種のデータと比較することになります。そのために必要なエビデンスも計画的に収集および保存することが望ましいといえます。さらに最近では、これらのエビデンスは電子化されることが多くなっています。これらのデータをどこに保存するのか、その保存先にはだれがアクセスできるのか、保存先のセキュリティーは確保されているのかなどについても共有が必要です。

　みなさんのプログラムでは、エビデンスの保存について、どうしていますか。何か決めていますか、あるいは決められていますか。記入してください。

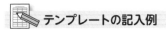
テンプレートの記入例

● 地域日本語教室の場合

活動の写真、活動の発表資料などを教室リーダーが適宜保存。

➡ 参考：7章 7.1

● 進学中心の日本語学校の場合

学期中のクイズ、テスト等は主任が記録、保存。最終試験は主任が成績会議の議事録とともに保存。

➡ 参考：7章 7.2

● 大学の留学生別科の日本語プログラムの場合

（非常勤講師なので）不明

➡ 参考：7章 7.4

Column

エビデンス？　それとも個人情報？　そして試験の公正性

　本文では、学習活動実施の記録あるいはエビデンスとして、宿題やテストの解答などのデータをコピー保存するという例が挙げられていますが、この扱いについては、国によって見方が大きく異なるため、注意が必要です。

　例えば、欧州では 2016 年に「一般データ保護規則法」(General Data Protection Regulations: GDPR) が制定され、2018 年からさまざまな分野で施行されています。この法律により、教師から複数の学習者へのメールは、個人情報がもれるので避けるべきことと考えられ、機関によっては禁止されています。その代わりにクラス全体へのお知らせなどは、Moodle、Google Classroom、Blackboard などのプラットフォームの利用が推奨されています。また、学生が書く作文などは個人の作品とみなされ、本人の承諾なしに公にすることはもちろん、教師が無断でコピーをとることもよくないとされています。さらに、資格試験（入学試験、卒業試験）および成績に直結している学年末試験の解答用紙などをコピーすることは禁止されており、現物の保管についても、担当教員や学科ではなく、機関（大学、学校）が解答用紙および詳細な採点記録を定められた年数保管することになっています。

　また、試験の問題作成や採点においても、例えば英国の大学の場合、厳密な制度があります。まず、試験問題の作成は必ず複数の教師が担当します。そして、採点を行う際も、受験番号のみが公開された解答用紙を複数の採点者で採点します。加えて、作成された試験問題の良否や複数の採点者によって行われた採点結果についても外部試験官 (external examiner) によるチェックが行われ、最終成績会議には外部試験官の同席が義務づけられています。そして、最終成績について合意が得られた後、ようやく受験者の名前が明らかにされます。このようにして試験の公正性が担保されています。

5.8.3 問題点の改善をいつだれがどのように行うか

　点検・評価を行うと、少なからずプログラムや運営体制の問題点や改善が必要な点が見えてきます。対象プログラムでは、そのようにして浮かび上がってきた問題点や改善点およびその対処について、だれが統括しているか書いてみましょう。また、改善のためには、多くの場合、追加の予算措置が必要となりますが、みなさんのプログラムでは適切に対応できているでしょうか。可能であれば、確認して、記述してください。

　なお、次章（6章）でも振り返りと評価を取り上げますが、そこでは、この5章で確認した点検・評価の実施体制によって得られる情報をもとにした評価内容に注目します。

> **テンプレートの記入例**
>
> ● 進学中心の日本語学校の場合
>
> 　常勤・非常勤講師に年度末に担当授業についての総合アンケートを実施し、問題点の収集を行い、その結果について教務主任や常勤講師を中心に教員会議で検討し、結果を記録し、必要に応じて全講師に通知する。
>
> ➡ 参考：7章 7.2
>
> ● 海外の大学の日本学専攻の日本語プログラムの場合
>
> 　問題点の改善は、学生からの苦情等で学科長からの要請もあるが、おおむね主任が点検の結果を見て主導する。シラバス、アセスメント関連などの変更点は学部会議で規定に沿って認められなければならない。改訂するには、学生に通達する必要があるので、少なくとも1年前に決定しなければならず、時間的な制約がある。
>
> ➡ 参考：7章 7.6

Template 5.9　危機管理／リスクマネジメント

5.9.1 危機管理／リスクマネジメントはだれがどのようにしているか（例：感染症、自然災害、情報漏洩、誹謗中傷）

　プログラムは、常に計画した通りに動くわけではありません。それを踏まえて、プログラムの実施・運営の際には、災害などの問題が起きたときの対処法と、影響をできるだけ小さくするようなリスクマネジメントの仕組みの両方が必要です。みなさんのプログラムでは、どのような危機を想定して、どのような管理体制が定められているか記入してみましょう。

　例えば、地震や台風、大雪などの自然災害、火事や事故などは、容易に想定できるリスクです。これらの災害時の避難経路の確保や、対象者（学習者等）も参加する避難訓練などは定期的に実施されていますか。また、対象者や教師・学習支援者および運営スタッフなどとの緊急時連絡網は確立されていますか。さらに、このような災害時にだれが先頭に立って指揮を執り、

だれがどのように行動するかなどの計画も策定されていますか。学校組織の場合、このようなことは法律などで必要な対応が求められていますが、組織内の人々の間での情報共有も重要です。確認して書いてみてください。日本国内の場合、まだ日本語理解の十分でない初級や中級レベルの学習者でも理解できる表現で緊急時に対応できるかどうか、確認する必要もあります。

一方、時には想定外のことも起こります。2019年暮れからの新型コロナウイルス（COVID-19）感染症の世界規模での拡大は、想定外だったのではないでしょうか。人と人の接触を止めて感染拡大を防ぐために、多くの教育機関では、急遽対面授業を取りやめオンライン授業に移行しました。しかし、その際にどのビデオ会議ツールを使うか、成績評価はどうするのか、あるいは、そもそもPCやタブレットなどのIT端末を持たない対象者（学習者等）やインターネットにアクセスできない場合にはどのように対応するのかなど、短時間での多くの判断が求められました。このように予期しない事態が生じた場合に、組織として迅速に意思決定し行動に移す対応が必要ですが、そのための体制が備えられているでしょうか。

さらに現代では、自然災害以外にも、学内のコンピューターサーバーがダウンしたり、ハッキングされたりすることなどもあるかもしれません。情報漏洩のような情報セキュリティーの問題も特に重要視されています。情報漏洩を未然に防ぐためのルールや仕組みはプログラムに関わる関係者間で共有されているか確認してみてください。

加えて近年では、第三者からSNSなどにプログラムに対する誹謗中傷のようなコメントを書き込まれることも増加しています。これらの書き込みは今後のプログラムの実施・運営に影響するかもしれません。このような状況についての日ごろからのチェック、管理システム作成もリスクマネジメントの一つといえます。みなさんの関わるプログラムではどのようなリスクマネジメントが考えられているか記述してみましょう。

 テンプレートの記入例

- **進学中心の日本語学校の場合**

    台風接近の場合、気象庁の情報に基づいて上層部（としかわからない）が判断し、主任が学生に通知している。

    ➡ 参考：7章 7.2

- **大学の留学生別科の日本語プログラムの場合**

    大学内には、教員の緊急電話連絡網がある。その上で、各担当者が学生に連絡することになっている。地震・火災避難訓練も年1回行われている。

    ➡ 参考：7章 7.4

[注]

1　「目標言語調査」とは、想定される対象者（学習者等）が実際にどのような場面で日本語を使用しているのかの調査です。大がかりな調査を実施しなくても、少なくともどのような日本語が必要とされるのかを具体的に把握しておくことは重要です。

2　「ニーズ・レディネスの調査と分析」とは、対象者に対して行う調査とその分析で、活動を始める前、つまり、シラバスやカリキュラムをデザインする前に、彼らがどのような日本語を習得したいと考えているのかを調査・分析したり、対象者（学習者等）の現在の日本語の習得状況や学習環境を把握したりするために行う調査・分析のことです。

3　ディスレクシア（dyslexia）は、日本語では「読書不全」「読字障がい」「語盲」「難読症」「失読症」「読語障がい」などと呼ばれる学習障がいの一種で、知的能力および一般的な理解能力などに特に異常がないにもかかわらず、文字の読み書き学習に著しい困難を抱える障がいを指します。

Check ☑

☐ プログラムの実施・運営に際し、いつだれが何をしているのか、理解できていますか。

☐ プログラムの実施・運営が適切に行われているかどうかの点検・評価のシステムはどうなっているか、理解できていますか。

Next Step

- テンプレートに記入してみて、対象のプログラムの実施・運営にはどのような特徴があると思いますか。
- みなさん自身はプログラムの実施・運営にどのように関わっていますか。
- プログラムの実施・運営のシステムに課題があるとすれば、どうしたいと思いますか。
- 実施・運営の途中で起こる、現場のさまざまな問題に対処する準備ができていますか。

Memo

6章 言語教育プログラムの成果と課題

あるあるトーク　**そろそろカリキュラムを見直さないと**
［ある日本語学校での主任と副主任の会話］

主任：K先生、この3月に卒業した進学コース48人の進路の内訳、もうまとまりましたか。
副主任：はい、これです。ご覧ください。
主任：ああ、結局、大学は12人でしたか。そして、専門学校が32人で就職4人……。
副主任：はい、進学率は92%近くですから、目標は達成できました。
主任：それはよかった。でも、予想したより大学進学が少なかったですね。
副主任：そうなんです。最近の傾向として、専門学校に行く人が増えてきてます。それも、観光ビジネス系とアニメ・ゲーム系が多くなりました。
主任：こうなると、そろそろカリキュラムを見直さないといけないかな。
副主任：そうですね。例えば、留学試験対策の授業の時間を減らすとか、日本文化を扱った教材を増やすとか……。
主任：なるほど。じゃあ、次の教員会議までに新カリキュラム案を立ててみることにしましょう。K先生も、一緒に考えてくださいね。

本章の概要

本章は、テンプレートの下部にある【成果と課題】の領域に注目します。

6.1および6.2では、2章の【基本理念・使命】を踏まえて設定された【目標】が、このプログラムの活動によりどの程度達成できたか、また、その過程でどのような問題点・課題が浮かび上がってきたかを確認します。そして、6.3ではその問題点・課題の解決、改善のためにどのように対応しているかを見てみましょう。

左部のPDCAサイクルでは、C（= Check 点検・評価）とA（= Act 改善）の段階にあたります。

> **Template** この章で取り上げるテンプレートの質問
>
> 6.1 成果・目標達成の程度
> 　　6.1.1 どのような成果があがったか、また、どの程度「目標」が達成できたか
> 6.2 問題点・今後への課題
> 　　6.2.1 どのような問題点・今後への課題があるか
> 6.3 問題解決・改善への取り組み
> 　　6.3.1 どのように問題解決・改善に取り組むか

Template 6.1　成果・目標達成の程度

　この章では、前章 5.8 で確認した実施体制のもとで点検・評価が行われたとして、その結果 2 章で記述した目標、あるいはそれをより具体化した下位の目標がどの程度達成できたのかを確認します。また、目標に関することがら以外でも、プログラム活動に対してさまざまな観点から、計画通りに実施できたのか、何か問題はなかったのか、それに対してどのような改善が必要かなどの点に注目して、対象プログラムの現状の把握を目指します。記入に際しては、所属機関のホームページなどで公開されている評価情報なども参考にしてみてください。

6.1.1　どのような成果があがったか、また、どの程度「目標」が達成できたか

　基本理念と使命に基づいて、対象プログラムが達成すべきことを具体的に記述したものが目標です（1 章 1.3「用語の定義」、2 章 2.2.2「目標」参照 ）。この目標、あるいは、それをさらに具体化した下位目標に照らして、自分たちが行っている活動ではそれがどう達成できているのかを知るために、成果、つまり活動により得られた結果を確認しましょう。

　なお、成果の確認には、「目標」達成の程度を測るための、有用かつ妥当性（validity）のある指標をあらかじめ決めておくことが必要です。妥当性とは、その指標が目標の達成度合いを知るために「測るべきものを測っている」という論理的整合性があることを指します。

　指標には、試験の合格者数のような量的情報が多く用いられますが、参加者の感想のような質的情報コメントも有用です。そして、可能であれば、活動後にどれだけ状況が変化したかなどを客観的に示せるように、活動を開始する前に、比較の基準となるデータ（ベースラインデータ）を収集しておき、活動前と活動後の両者を比較することができれば、より説得力のあ

る指標となるでしょう（詳細は p.101 のコラム「プログラム評価・業績測定 vs. 自己点検評価」をご覧ください）。

「目標」の内容にもよりますが、参考までに一般的な「成果」の指標としてどのようなものが挙げられるか、日本語教育プログラムのタイプ別に例を考えてみました（表1）。

表1 「成果」を示すために利用可能な指標・情報の例

```
                                （*印は、質的情報の場合もあり得ることを示す。）
＜地域での活動＞
活動の延べ参加者数 ／ リピート参加率 ／ 参加者とコミュニティー住民との交流実績*
／ 参加者の日本語能力の向上の度合い・それに対する満足度* ／ 参加者勤務先企業
などからの評価* ／ コミュニティー住民からの声* ／ 活動担当者の感想コメント*

＜日本語学校、大学など＞
受講者数 ／ 授業への出席率 ／ 単位取得率 ／ 個々の留学生の日本語能力の向上の度
合い ／ 日本語能力試験など各種試験の合格率 ／ 留学生自身の日本語能力の伸びやプ
ログラム活動に対する満足度 ／ 学生からの感想コメント* ／ 担当教職員の感想コメ
ント* ／ 卒業率 ／ 進学率 ／ 進学先 ／ 卒業生の満足度 ／ 卒業生のその後の活躍
事例* ／ 地域コミュニティーとの共同活動の実績 ／ 地域コミュニティーからの評価
* ／ アルバイト先雇用主からの評価* ／ 入学希望者数の増加率 ／ 学校紹介のウェブ
サイトや SNS の閲覧数やリアクション数 ／ 学生募集エージェントのリピート率 ／
ビザ発給率 ／ 教師の定着率
```

数値データの場合は、目標達成度をパーセントで示すことができます。例えば、業績測定での目標達成度と伸び率の算定方法として次のような計算式（1）（2）があります[注1]。ここでは、2.2.2 で取り上げた、ある地域の日本語教室の「より多くの参加登録者に出席してもらうこと」という目標に対して、目標参加者数を延べ100人、実際の参加者数（実績値）を延べ80人と想定してみましょう。

(1)　目標達成度　　　　　　　　　　　実績値 ÷ 目標値 ＝ 目標達成度
　　　例：実績値80、目標値100 　➡　　80　÷　100　＝　80％

この参加者数を2年間の推移で比較する場合、「伸び率」を計算できます。1年目（開始時値）の参加者数50人、2年目（終了時値）80人で考えてみましょう。

(2)　伸び率　　　　　　　　　　　（終了時値－開始時値）÷ 開始時値 ＝ 伸び率
　　　例：開始時50、終了時80 　➡　　（80-50）　　÷　　50　＝　60％

ただし、達成度の判定は、そのよりどころとなる判定基準によって解釈が大きく異なってきます。例えば、達成度70％は目標を達成できたとみなしますか。65％ではどうでしょうか。どの程度の数値がどのような価値を表すか、関係者間で統一された見解がないと、価値判断ができません。そのためには、当該プログラムに関わる人々の間で、あらかじめ判定基準、すなわち「○％以上なら目標達成とみなす」というような基準を設定しておくことが必要です。

 テンプレートの記入例

● **地域日本語教室の場合**　　《　》は目標

《目標：当該地域で、できるだけ長く活動を継続させる》
・2008年より継続して実施。
《当該地域で、できるだけ多くの支援者参加、学習者参加を目指す》
・現在まで、外国人参加者156名、日本人参加者61名。
《日本人の多文化コミュニケーション力、対話力の獲得・向上》
・多文化コミュニケーション力を生かして教室外（例：勤務先や自治会）でも外国人支援の役割をする人が増えた。
《外国人の生活日本語、対話力の獲得・向上によりエンパワーされ、地域社会に参加できる力をつける》
・支援者に教室内外で支援を受けて、資格試験（介護福祉士）に合格4名。その他の外国人参加者も、転職や就業上の悩みを対話活動で解決することが多い。

➡ 参考：7章7.1

● **進学中心の日本語学校の場合**

本校では、中級以降の発話力が伸び悩む傾向があり、ことに正確さに欠ける学習者が少なくないことから「正しく話そう／たくさん話そう」という年間目標をかかげたら、各教師がその目標を意識して指導を行った。また、どのクラスでも、自分の発話だけでなく、友達の発話の正確さにも意識が向くようになってきた。その結果として、各学習者に発話の質・量を意識させる機会が増えて、どのクラスも学期ごとに長く話せる学生が増えた。

➡ 参考：7章7.2

● **大学の留学生別科の日本語プログラムの場合**　　《　》は目標

《進学希望者全員が大学または専門学校に進学する》
全員進学することができた。修了者28名中、大学進学15名、大学院進学8名、専門学校5名。大学進学ができなかった者もいたが、専門学校に進学できた。
年によっては中途退学する学生や進学を断念して帰国する学生もいるが、今回は中途退学する学生がいなかったことで、100％目標を達成できたと考える。

➡ 参考：7章7.4

Column
プログラム評価・業績測定 vs. 自己点検評価

　プログラム活動の成果の振り返り・点検・評価に対して、近年「プログラム評価」という用語が用いられることも増えてきました。しかし、本来の「プログラム評価」とは、活動後のみならず、事前・中間・事後など、プログラムのあらゆる時点でさまざまな評価の目的のために行うことができるものです。また、最終的に評価には、その成果についての価値判断[注2]を伴います。例えば、ある支援活動を通して、支援された人々の問題状況（例：日本語が話せない）が目標人数分以上改善し、人々が社会的に自立できた、だから実施した「価値があった」というようなことです。そのためには、その判断を支える厳密な理論や、妥当かつ十分な証拠資料（エビデンス）が不可欠です。そして、用いられる手法はその評価の目的に応じて多種多様で、厳密な評価実践には専門的な知識が必要です。

　一方、活動後の成果がどの程度であったかについての振り返りには、「業績測定（パフォーマンス・メジャーメント、実績測定、業績評価とも呼ばれる）」という手法[注3]もあります。これは、「ある公共政策や公共プログラムの目的や目標を明らかにして、それを測定するための成果指標と数値目標を決めて、事前（ベースライン）・中間・事後に定期的にその指標値を測定することにより、当初の数値目標がどれだけ達成されたかを評価し、現場での実施改善と意思決定（人事と予算を含む）とアカウンタビリティ（説明責任）の改善に利用していく仕組み」と定義されます[注4]。6.1節の内容は、どちらかと言えば、業績測定に近いものと言えるかもしれません。

　ただし、実際のところ、国内の日本語教育機関では、これらのような統計的手法を用いた厳密な振り返りの手法よりも、プログラムの現状をさまざまな観点から確認するための、チェックリスト形式の自己点検・評価票[注5]を用いた手法のほうが広く用いられているように見受けられます。このような振り返りは、客観性などの観点から厳密には評価と呼べない場合もあります。しかし、本書の趣旨に鑑み、活動の成果を振り返り、点検することは有用で意義があると考え、厳密な手法によるプログラム評価や業績測定の手法によるもののみならず、自己点検チェックリストなどによる簡易な確認作業でも、ここでは振り返り活動の一つに含むこととして論じています。また、このように厳密な評価手法によるものではない振り返り活動でも、プログラムの成果の確認や課題を見いだす活動を「点検・評価」と表しています。

Template 6.2 問題点・今後への課題

6.2.1 どのような問題点・今後への課題があるか

　ここには、種々のアンケートや自己点検チェックリストなどを用いた点検・評価などから、目標達成を阻害している／したと考えられる事象あるいは理由となる課題を書き出します。また、目標達成に関すること以外でも、プログラムのさまざまなことがらについて具体的に解決すべき課題が明らかになっている場合は、それも記述しておきましょう。

　ここで、ある日本語教育機関において、学習者たちの日本語能力が、目標として掲げていた程度まで伸びなかった場合を例に、その原因や真の問題が何かを探ってみましょう。

　例えば、漢字圏と非漢字圏の学習者が混在するクラスで、成績に問題のある学生が非漢字圏出身者に偏在しているとしたら、漢字や語彙の指導の方法、あるいは進度など、カリキュラム上の問題があったのかもしれません。一方、「て形」のような基礎文法の習得が不完全な学生の多くが落ちこぼれていたら、早い段階で教師・学習支援者が学習者の個々のレベルに合わせて個人指導をする必要があったのかもしれません。

　ただし、教師・学習支援者が個人指導の必要性を認識していても、そのための時間が取れないほど業務が多くて、もどかしい思いをしていたのかもしれません。また、そのような状況が著しい長時間勤務につながっていて、「仕事と生活の調和（ワーク・ライフ・バランス）」を脅かすような状況なのかもしれません（内閣府男女共同参画局, 2023）。

　このように、一つの問題にいくつもの原因が潜んでいることもよくあることでしょう。したがって、よりよいプログラムを実現するためには、幅広い観点からプログラム活動の全体の振り返りを行い、課題を見つけて解決しようとする姿勢が不可欠です。

　さらに、もう少し基本に立ち返り、設定された目標そのものが妥当で達成可能なものであったのかの見直しが必要になることもあります。そのプログラムの基本理念と使命に照らして、適切な内容の目標が設定されていなかったり、想定された期間内では到底達成可能とは思えない高いレベルの目標が設定されていたりすれば、「これでよいのか」という疑念が生まれてきます。目標達成に向かって努力しようとする意欲も削がれてしまうでしょう。

　一方、もし目標が達成できていて特に改善も必要でないのであれば、このサイクルでのPDCAは完結し、次の新たなPDCAサイクルが始まります。しかし、同じことを繰り返せばよいとは限りません。好ましい成果を挙げられた状況を維持するために、あるいはさらに高い目標を達成するために、どのような努力や取り組みが必要かを検討することが組織には求められます。また、実際のところ、今回設定された目標の内容やレベルが本来適切であったかという厳しい目も必要です。

📝 テンプレートの記入例

● **地域日本語教室の場合**

日本人側の支援者の広がりはまだ一部である。

➡ 参考：7章 7.1

● **進学中心の日本語学校の場合**

学習者の発話は量だけでなく質の検討がさらに必要である。一定期間ごとの成果を積み重ねて指導に生かすためには、教師間で指導上の気づきや疑問を共有し、解決に向かえることが望ましいが、今年度はその実行には至らなかった。次年度は各クラスの成果を提示しあう機会を作ることが課題となった。

➡ 参考：7章 7.2

● **大学の留学生別科の日本語プログラムの場合**

使用教材の共有、授業内容の伝達が原則に則ってされていないことがあった。そのため、コースが予定通り実施できないことも時々あり、当日急遽変更せざるを得ないなど、現場に混乱が起きることがあった。

➡ 参考：7章 7.4

Template 6.3　問題解決・改善への取り組み

6.3.1　どのように問題解決・改善に取り組むか

みなさんの対象プログラムでは、点検・評価の結果、6.2.1のような改善すべき問題が浮かび上がってきた場合、どのように問題解決・改善に取り組むことになっていますか。ここには、その改善の様子を記入してみてください。

多くの場合、問題の原因に関わる該当部署が対応するのが一般的でしょう。一方、組織横断的な問題の場合には、だれのリーダーシップのもとで、どのようにして解決に向けての活動を進めますか。特定の専門委員会などを立ち上げて問題解決にあたりますか。外部の専門家の支援などは活用できますか。また、その改善のようすをだれが確認することになっていますか。

問題の原因を正しく厳密に特定することは、必ずしも容易なことではありませんし、具体的な解決策を決めるまでには関係者間での調整が必要で、時間がかかるでしょう。また、その解決策をすぐに実行できるとも限りません。場合によっては予算や人員の確保も必要です。

ここで大切なことは、改善の担当者らがより多くの関係者の生の声を聴き、プログラムの活動がどのように進んでいったのかをエビデンスに基づいて正確に把握することです。そして、学習活動内容や運営の方法が真に適切であったのか、また、投入したリソース（資源）が十分であったのかなどを、具体的かつ多角的に吟味して問題解決に向かうことです。そのためにも、

プログラムに関わるより多くの人々が、プログラムの全体像をしっかりと理解することが重要です。そのために、プログラムを俯瞰（ふかん）できるテンプレートをぜひ活用してください。

 テンプレートの記入例

- **地域日本語教室の場合**　《　》は問題点・課題

  《教室の知名度が低い》
  依頼される講演会や市町の広報誌で活動を周知する。他にこの教室の社会的認知を高める活動を考える。

  ➡ 参考：7章 7.1

- **進学中心の日本語学校の場合**

  《学習者の発話の質の検討がさらに必要。教師間で指導上の気づきや疑問を共有し、解決に向かえることが望ましい。次年度は各クラスの成果を提示しあう機会を作ることが課題》
  会話指導に限らず、クラス全体のレベルアップのための指導と個別指導のあり方について、エビデンスを積み重ね、その結果を持ち寄る研究会を開催し、成果を生かした実践を行っていく。

  ➡ 参考：7章 7.2

- **大学の留学生別科の日本語プログラムの場合**

  《専任と非常勤講師の間で、授業内容情報や追加で用いた教材がしっかりと共有されず、現場で混乱することが何度かあった》
  情報共有を徹底させる必要がある。情報開示に消極的な教員もいるが、その理由や原因を調査し、教員間で必要性の認識を確認し、地道に改善に取り組む必要がある。

  ➡ 参考：7章 7.4

[注]

1　小野（2018）は「(2) 伸び率」も目標達成度の一種としていますが、ここではわかりやすくするため、「伸び率」を目標達成度とは別の項目としました。

2　ここで言う価値とは、金銭的な価値のみではありません。佐々木(2010, p.8)はScrivenの考えを引用して、価値には、ものごとの本質（Merit）、値打ち（Worth）、意義（Significance）の3種類があると指摘しています。

3　業績測定をプログラム評価の手法の一部とみなす考え方もありますが、定期的な実施か1回限りかの異なりなどがあり「目的の異なる評価のアプローチ」で「互いに補完するもの」というのが現状の認識とされています。詳細は、小野（2020）参照。

4　佐々木・西川（2001, p.45）参照。

5　自作のものの他に、日本語教育振興協会「日本語教育機関教育活動評価自己点検・評価票」、同「日本語教育機関第三者評価基準自己点検・評価報告書」、JAMOTE認証サービス「ISO 29991:2020 語学学習サービス規格認証自己点検評価票」なども用いられています。

[参考文献]

小野達也 (2018).「政策評価の理論と実践」（平成30年度政策評価に関する統一研修（大阪会場）2018年11月7日資料） https://www.soumu.go.jp/main_content/000607549.pdf （2023年4月5日閲覧）

小野達也 (2020).「業績測定と評価指標」山谷清志 (監修)・源由理子・大島巌 (編著)『プログラム評価ハンドブック ―社会課題解決に向けた評価方法の基礎・応用』(pp.177-180) 晃洋書房.

佐々木亮 (2010).『評価論理 ―評価学の基礎―』多賀出版.

佐々木亮・西川シーク美実 (2001).「パフォーマンス・メジャーメント ―最近の傾向と今後の展望―」『日本評価研究』第1巻第2号, 45-52, 日本評価学会.

内閣府男女共同参画局「仕事と生活の調和とは（定義）」（「仕事と生活の調和」推進サイト） https://wwwa.cao.go.jp/wlb/towa/definition.html （2023年1月19日閲覧）

Check ☑
- ☐ 目標がどの程度達成できたかを客観的に判定できる指標を用いていますか。
- ☐ 問題点や今後の課題は、プログラムを巨視的に捉えて、導き出されていますか。

Next Step
- プログラムの成果や課題に、みなさん自身がどのように関わっているか、検討してみましょう。
- 成果や問題点の解決のために、みなさんの立場から見て何ができるか、どうしたいと思うか、考えてみましょう。プログラム内でどこ／だれに伝えればよいでしょうか。

Memo

7章 テンプレート記述事例集

あるあるトーク **わからないことだらけ**
[日本語学校に勤務する教師歴2年の先生同士の会話]

A：ねえ、今日ミーティングで配られたこのテンプレート、一緒に書いてみない？
B：うん、おもしろそう。やってみよう。

…… 2人が1枚のシートを使って作業に取りかかる ……

A：あれ、このプログラムの「目標」って何？　聞いたこと、ある？
B：ううん、全然、知らない。
A：それと、この「予算」って、だれが決めてるんだろ？　校長かな？
B：わかんない。理事長とか事務長じゃないの？
A：さあー、どうかなあ。
B：私たち、日本語教師っていいながら、学校のこと、ほんと、わかってないんだねー。

本章の概要

　本章では、テンプレート記述の例を示します。テンプレート記述の参考にしてください。参考にした事例はありますが、特定の機関のことをそのまま記したものではありません（固有名詞はすべて仮名です）。
　いくつかの異なるタイプの日本語教育機関を例にしています。一言で「言語教育プログラム」と言っても、さまざまな異なるタイプがあるということがわかるでしょう。ただし、これらはあくまでも記述例であり、そのタイプの代表例というわけではないことにご注意ください。
　本章の記述例では、記述の少ない項目、まったく記述のない項目や「不明」となっている項目があります。よくわからなくて記述が難しい項目があるためで、それをそのまま例としています。この「記述の難しい項目」がわかることも、このテンプレート記入の目的だと言えます。なぜ記述が難しいのか、考えてみてください。

7.1 地域日本語教室の場合

記入者：	宮崎 ひなた （立場： 県の地域日本語教育コーディネーター ）

対象プログラム／コース／科目

名称	機関名／コース名など 日本語教室 in Tateyama ／対話クラス
実施期間	2022 年 4 月 ～ 2023 年 3 月

利用の目的　＊当てはまる項目に✓（複数回答可）

	プログラムの全体像を把握する		プログラムの現状を記録する
	問題を特定する		過去のプログラムを振り返る
✓	プログラムについて説明する		新しいプログラムを作る
	その他：		

記入後に見せたい人　＊当てはまる項目に✓（複数回答可）

	内部者（具体的に： ）
✓	外部者（具体的に：記入者（コーディネーター）が所属するTateyama国際交流協会の統括コーディネーターや管理職、上部組織の県国際課 ）
	その他（具体的に： ）
	自分のみ

【社会的背景・プログラムの現状】および【基本理念・使命・目標】

2.1 社会的背景・プログラムの現状

2.1.1 社会的背景

2.1.1.1 対象プログラムは内外のどのような社会状況あるいはニーズと関連しているか

1）外国人定住者（地域での生活者）の増加に伴う、地域での多文化共生化の必要性。
2）日本語教育推進法（2018年施行）により、地域における日本語教育の推進が各自治体の責務となった。

2.1.1.2 対象プログラム実施にあたり、考慮すべき社会的条件や制約があるか

わが県のような散在県*は、外国人の生活問題が潜在化しており、多文化共生の必要性自体認識されていない所が多いので、その必要性の啓発から始めねばならない。

*散在県：外国人登録者が少なく（県人口比1％以下の所が多い）、県の各地域に散在して住んでいる。

2.1.2 プログラムの現状

2.1.2.1 対象プログラムには社会状況やニーズ、社会的条件や制約がどう影響しているか

推進法等の施行により、我が県は、地域における生活者日本語教育を充実させようとしているが、これまで日本語ボランティアに丸投げ状態で日本語教育を行ってきたので、専門人材の育成や雇用のシステムなどがほとんど整っていない。

2.1.2.2（既存プログラムの場合、）どのような実績や課題があるか

実績：「教えることを超えた対話型教室」は、6.1.1「成果」に書いたように、外国人問題などについて該当の市町から相談が持ち込まれる、「外国人・日本人の相互学び」のテーマで講演を依頼されるなど「多文化共生」の場として地域から認知されている。

課題：産業立県であるわが県では特に技能実習生が増えてきている。その数に押され、他のニーズ、例えば、日本人の配偶者である外国人女性の高齢化の問題（孤独や日本語の学び直しなど）に対応しきれていない。支援者が増えない。

2.2 基本理念・使命・目標

2.2.1 基本理念・使命

2.2.1.1 対象プログラムの基本理念・使命は何か

外国人定住者と日本人市民が、日本語を媒介として「対話活動」をすることにより、「異なり」を「豊かな資源」とし、「新しい多文化共生地域」の萌芽となる。

2.2.2 目標

2.2.2.1 目標や下位目標は何か

外国人定住者と日本人市民が、日本語を媒介として「対話活動」をすることにより、「異なり」を「豊かな資源」とし、「新しい多文化共生地域」の萌芽となる。

【リソース（資源）】

〈ヒト〉

3.1 対象者（学習者等）

3.1.1 どのような対象者がいるか
技能実習生、エンジニア（インドネシア、ベトナム、ミャンマーなど出身）、日本人の配偶者女性（中国、フィリピンなど出身）

3.1.2 背景・特性等はどのようなものか
地域にいながら日本語を話す環境にあまりない（技能実習生）、自分の日本語に自信を持ちたい（配偶者女性）

3.2 教師

3.2.1 教師はどのような役割か
生活者としての外国人に対する日本語教師。教師として教室の活動促進、支援者やコーディネーターと協働し、教室の維持・成長にあらゆる角度で努める。

3.3 学習支援者

3.3.1 学習支援者はどのような役割か
支援者（日本人・外国人）は、対話活動を「やさしい日本語」で行い、外国人・日本人が共に学ぶ場作りをする。日本社会の既有知識を提供する、日本社会に問題提起する、母国の既有知識を提供する、など。

3.4 コーディネーター・主任教員等

3.4.1 コーディネーター・主任教員はどのような役割か
教室の立ち上げ。複数の教室へのアドバイジング。教室内の問題を適宜、外部機関につなげるなど、教室の維持成長に努める。支援者養成の企画実施。

3.5 その他のプログラム運営の関係者・関係組織

3.5.1 どのような立場の人や機関が関係しているか
県国際交流協会、市町の国際交流協会、県国際課、地域の社会福祉協議会、自治体、外国人学習者の所属する企業・学校など

3.5.2 決定権のある関係者はだれか
県の国際交流協会の総括コーディネーターや管理職、県国際課

3.5.3 上位組織と言語教育プログラムはどう関係し、位置づけられるか
それぞれの上位組織に予算の決定をされる。教室設置の決定などもされる。

3.5.4 その他の組織・関係者には何があるか（事務スタッフや組織外の関係者等）
　市町村の国際交流協会の担当者、社会福祉協議会の担当者

〈 モノ 〉

3.6 施設・設備・備品

3.6.1 プログラムの対象者用に、どのようなモノがあるか
　文具、モニター（借用の会館設置のもの）

3.6.2 教師・学習支援者用に、どのようなモノがあるか
　文具、教材（少数）、モニター（借用の会館設置のもの）

〈 カネ 〉

3.7 予算・資金

3.7.1 プログラムにはどこからカネが来ているか
　県の国際交流協会から、アドバイザー（生活者日本語教師や地域日本語教育コーディネーター）への謝金が出る。それ以外の運営費は、学習者からの 300 円／ 1 回の参加料と「赤い羽根」など民間の助成金。

3.7.2 どのぐらいカネがかかるか
　会場の借用料（支援活動なので減免あり）、文具や自前の視聴覚機材など。教師やコーディネーターの相談業務や教室活動の実施や準備には膨大な時間がかかるが、それを教師・アドバイザーの時給に換算していないので、総額はわからない。

〈 情報 〉

3.8 情報

3.8.1 プログラムにはどのような情報があるか
　学習者の生活情報や問題情報、市町の外国人施策（助成金等）の情報、社会福祉協議会などの助成金等の情報

3.8.2 情報はどの範囲で共有されているか
　コーディネーター、教師、支援者、
　（問題によっては）ワンストップ相談センターや社会福祉協議会の担当者

3.8.3 情報はどのような方法で共有されているか
　メール、電話、対面など

【学習・教育の活動内容】

4.1 時間的枠組み

4.1.1 プログラムの時間的枠組み（期間・学習時間・単位数・活動頻度など）はどうなっているか

　　原則、1学期（1年）、週1回（日曜日10:00～12:30）、他に単発の体験活動あり。

4.2 活動単位（科目等）の構成

4.2.1 どのような活動単位（科目等）の分類（4技能総合型、特定の技能・専門分野別など）になっているか

　1）対話活動クラス：外国人学習者と支援者の協働で対話活動をする場

　2）入門クラス：原則、教師主導で、教室内で実施する。支援者に対話相手を依頼することもある。

　3）保育：対話活動クラスに参加する人の子どもの保育が目的だが、子どもや親に就学前教育もする。

4.2.2 能力レベルを設定する場合、どのような基準を用いているか

　　対話活動は、ある程度の日常会話が達成できるか、教師が経験則で判断する。入門クラスはゼロ～A2程度まで。

4.3 各レベルや各活動単位（科目等）の目標とプログラム全体の目標の関連づけ

4.3.1 各レベルや各活動単位（科目等）の目標は、プログラム全体の目標とどう関連づけられているか

　　対話活動は、プログラムのミッション・目標（2.2）の具現化のためにある。入門クラスは対話クラスで活動できる日本語力をつけるまでの橋渡し的クラス。

4.4 主な活動単位（科目等）の特性

4.4.1 どのような媒体を用いて指導や支援を行っているか（例：対面授業、オンライン授業、通信教育）

　　原則、対面。大雪などの災害時はオンライン。

4.4.2 どのぐらいのクラスサイズ（例：少人数クラス、個人指導、グループ学習）で、どのような学習形式（例：講義-演習型／ゼミ形式／グループ学習など）によって実施されるか

　1）対話活動クラス：外国人学習者と支援者の協働で対話活動をする場。学習者レベルは初級から超級まで合同で1クラス。支援者と1：1の対話。支援者を入れて最大20名まで（最後の発表ができる人数にするため）。

2）入門クラス：原則、教師主導で、教室内で実施する。支援者に対話相手を依頼することもある。学習者レベルはゼロ〜 A2 程度まで。クラスサイズは 15 名まで。コミュニケーション重視の授業を考えて。

3）保育：対話活動クラス参加の親のための、子どもの保育が目的だが、子どもや親に就学前教育もする。

4.4.3 どのような教材を用いているか（例：書籍／動画／生教材／ウェブ 教材など）

1）対話活動クラス：教師の自主教材（対話ワークシート）、生教材

2）入門クラス：教師の自主教材（対話ワークシート）、生教材

4.4.4 どのようなシラバス（学習項目一覧）タイプか（例：構造（文法）、機能、技能（スキル）、場面、話題（トピック）、行動・体験中心の活動など）

1）対話活動クラス：トピックシラバス的な活動が多い。行動・体験中心の活動やケース学習もある。後行シラバスになることも多い。学習支援者、教師の自主教材（対話ワークシート）、生教材など。

2）入門クラス：トピックシラバスの中に構造シラバスを取り入れている。先行シラバスが多い。教師の自主教材（対話ワークシート）。

4.4.5 どのような教育方法が用いられているか（例：直接法／媒介言語使用可、コミュニカティブアプローチ、タスク中心の教授法など）

1）対話活動クラス：対話活動

2）入門クラス：トピックを中心にして、日本語構造をある程度組み立てていく形。学習者が日本語にさらされている状況を活性化する方法。

4.5 各活動単位（科目等）での評価方法、プログラム修了の認定

4.5.1 各活動単位（科目等）でどのような評価方法が用いられているか（例：筆記テスト、会話テスト、プレゼンテーション、レポート課題など）

原則、学習者への評価はなし。支援者については、どのような学習者と対話できるかなど、教師や支援者リーダーがマッチングの必要上、評価する。

4.5.2 プログラム修了の認定はどのように行われるか

なし。

【実施・運営】

5.1 実施・運営スケジュール

5.1.1 プログラム実施・運営のスケジュールは、いつだれがどのように決めるか
　　支援者と教師とコーディネーターが年度末に合議で。

5.2 教師・学習支援者および運営スタッフ

5.2.1 教師・学習支援者および運営スタッフは、いつだれがどのように決めるか（採用・配置）
　　支援者は、原則、だれでも受け入れるが、活動前・活動中に支援者養成講座の受講を勧めている。教師は地域日本語教育コーディネーターと国際交流協会の総括コーディネーターが年度初めに採用・配置を決める。

5.3 対象者（学習者等）

5.3.1 対象者（学習者等）は、いつだれがどのように決めるか（募集・選考・受入れ）
　1）対話活動クラス：原則、希望時に受け入れる。
　2）入門クラス：レベルがゼロに近い場合、次の学期（ゼロスタート）まで待ってもらう。それ以外は随時受け入れ。

5.4 シラバス、時間割等

5.4.1 シラバス、時間割等はいつだれがどのように作成するか
　　支援者と教師とコーディネーターが年度末に合議で。学習者のニーズを事前に聞いておく。

5.5 リソース（資源）の配置と共有

5.5.1「ヒト」の配置をどうするか
　　教師の配置は年度初めに、コーディネーターがする。支援者の配置は、支援者リーダーと教師とコーディネーターが適時に。

5.5.2「モノ」の配置をどうするか
　5.5.2.1「場所」の配置をどうするか
　　　特別の事情がなければ、例年通り。

　5.5.2.2 その他の「モノ」の配置をどうするか
　　　必要なものがあれば、できる範囲で借用などして、適時。

5.5.3「情報」の共有をどうするか
　　支援者リーダーと教師とコーディネーターが、適時（できる限り頻繁に）。

5.6 他部署・他機関との連携

5.6.1 組織内関連他部署との連携をどうするか

年度末や年度初め。自治体の外国人施策プラン作成前など。問題発生時に。

5.6.2 組織外との連携をどうするか

問題発生時など、適時（できる限り頻繁に）。

5.7「ヒト」への支援

5.7.1 対象者（学習者等）への支援は、どのようにしているか

生活支援などは、随時。

5.7.2 教師・学習支援者および運営スタッフへの支援は、どのようにしているか

活動時や支援者養成講座企画実施に際して、新人教師に先輩教師がチューターをする。

支援者には、県国際交流協会主催の支援者スキルアップ講座を年数回開催。支援者養成講座への初参加、リピート参加などを促す。

5.8 プログラムの点検・評価システム

5.8.1 プログラムの点検・評価はいつだれがどのように実施するか

県の国際交流協会や国際課は、自主運営の教室に助成という立場を取っているので、点検評価はしない。

支援者中心の点検評価的な活動
- 毎活動の終了後に、支援者で事後ミーティングを行う。
- アンケートを不定期に実施（外国人・日本人に）。
- 2～3か月に1度、コーディネーターと教師、支援者リーダーがミーティングを行う。
- 3か月に1度、アドバイジング報告書を県国際交流センターへ提出。
- 支援者中心に行う自己点検評価（エンパワメント評価）を過去は2～3年に1度行っていた。現在は多忙のためしていない。

5.8.2 どのような証拠資料（エビデンス）をいつだれがどのように保存するか

活動の写真、活動の発表資料など、教室リーダーが適時保存。

5.8.3 問題点の改善をいつだれがどのように行うか

5.8.1の後、支援者リーダー、教師、コーディネーターで適時。

5.9 危機管理／リスクマネジメント

5.9.1 危機管理／リスクマネジメントはだれがどのようにしているか（例：感染症、自然災害、情報漏洩、誹謗中傷）

　コーディネーターと教室リーダーが中心に行う。必要なら支援者と合同会議を開いたりして対応する。また、該当地域の行政機関に相談することもある。

【成果と課題】

6.1 成果・目標達成の程度

6.1.1 どのような成果があがったか、また、どの程度「目標」が達成できたか
- 2008年より継続して実施。
- 現在まで、外国人参加者156名、日本人参加者61名。
- 多文化コミュニケーション力を生かして教室外でも外国人支援の役割をする人が増えた。（例：務めている企業や自治会で）
- 支援者に教室内外で支援を受けて、資格試験（介護福祉士）に合格4名。その他の外国人参加者も、転職や就業上の悩みを対話活動で解決することが多い。

　この町で、長く活発に活動している地域日本語教室として、該当の市町から外国人に関する相談が持ち込まれる、「外国人・日本人の相互学び」のテーマで講演を依頼されるなど、「多文化共生」の場として認知されている。このことからも目標は6～7割は達成できていると考える。

6.2 問題点・今後への課題

6.2.1 どのような問題点・今後への課題があるか
　日本人側の支援者の広がりはまだ一部である。

6.3 問題解決・改善への取り組み

6.3.1 どのように問題解決・改善に取り組むか
　依頼される講演会や市町の広報誌で活動を周知する。その他にも、この教室の社会的認知を高める活動を考える。

【記入後の気づき】

- 支援者のボランティア精神や教師の無償労働部分に甘え、本来かかる運営経費（人件費など）がわかっていない。
- 自己点検評価が、教育の流れの中に組み込まれていない。

7.2 進学中心の日本語学校の場合

記入者：	秋田 光 （立場：	常勤講師。非常勤講師として勤務を始めて3年目の昨年から常勤となった。現時点で、勤務校がどんな学校なのかを自分なりに客観的に捉えておきたいと思い、記入してみた。 ）

対象プログラム／コース／科目

名称	機関名／コース名など 日亜交流学園
実施期間	2020 年 4 月 ～ 2020 年 9 月

利用の目的 ＊当てはまる項目に✓（複数回答可）

✓	プログラムの全体像を把握する	✓	プログラムの現状を記録する
	問題を特定する		過去のプログラムを振り返る
	プログラムについて説明する		新しいプログラムを作る
	その他：		

記入後に見せたい人 ＊当てはまる項目に✓（複数回答可）

✓	内部者（具体的に： 教務主任、同僚の日本語教師　　　　　　　　　）
	外部者（具体的に：　　　　　　　　　　　　　　　　　　　　　　）
	その他（具体的に：　　　　　　　　　　　　　　　　　　　　　　）
	自分のみ

【社会的背景・プログラムの現状】および【基本理念・使命・目標】

2.1 社会的背景・プログラムの現状

2.1.1 社会的背景

2.1.1.1 対象プログラムは内外のどのような社会状況あるいはニーズと関連しているか

　本校の創設は2012年で、当時の学生は大半が中国人だったと聞いている。これは北京オリンピック（2008年）前後から急速に経済発展した中国で子どもを留学させる風潮が高まったことと関連しているのではないかと思う。加えて、創始者の一人が大陸出身者だったことも恐らく関係しているだろう。

2.1.1.2 対象プログラム実施にあたり、考慮すべき社会的条件や制約があるか

　学生の希望進路により日本語の到達目標が異なるのが現状。進路に適したクラス分けが必須。また、国により経済状況が違うので、それぞれにあった生活指導が必要。

2.1.2 プログラムの現状

2.1.2.1 対象プログラムには社会状況やニーズ、社会的条件や制約がどう影響しているか

　高等教育機関への進学を目指す者には在学中にJLPTのN1ないしN2の取得が必須で、受験勉強のためのクラスを設けている。一方、最近は在学途中に特定技能のビザに切り替えて就職を狙う学生も出てきている。こうした学生の多様化に応えるためにも適切なクラス分けが求められている。

2.1.2.2 （既存プログラムの場合、）どのような実績や課題があるか

　近年は進学志望者と就職希望者の数が同じぐらいになってきた。最終的にはそれぞれが希望の進路に進めている。

2.2 基本理念・使命・目標

2.2.1 基本理念・使命

2.2.1.1 対象プログラムの基本理念・使命は何か

　学習者が真の日本語力を身につけて自身の夢と目標を実現させるように全面的に支援すること

2.2.2 目標

2.2.2.1 目標や下位目標は何か

目標は「学習者の夢と希望が実現する」こと。その下位目標は以下の通り。

- 常に自身の日本語習得状況を意識し、より高いレベルの日本語習得を目指す。
具体的にはJLPTをはじめ、各種公的実力テストを受けさせる、進学状況を学校内外に公表する、外部のスピーチ大会に積極的に参加させるなど。
- さまざまな機会をとらえて、日本の社会や文化をより深く理解する。
具体的には、地元行事に積極的に参加・協力する、さまざまな日本人との交流の場を設けるなど。

【リソース（資源）】

〈ヒト〉

3.1 対象者（学習者等）

3.1.1 どのような対象者がいるか

留学生ビザ取得者。ごく一部だが家族滞在ビザ取得者や日本国籍の者もいる。

3.1.2 背景・特性等はどのようなものか

近年は中国・韓国の学生が合わせて約4割、ベトナムが約3割。あとはネパール、ミャンマー、スリランカ、インドネシア、モンゴルなど多様で、欧米系の学生はほとんどいない。半分以上が非漢字圏の学生である。大半が大学院・大学・専門学校に進学するが、最近は1年経過あたりで特定技能のビザに切り替えて退学するものも出ている。

3.2 教師

3.2.1 教師はどのような役割か

通常授業の準備、遂行および記録作成が中心。その他、教材作成、試験作成・監督、出席管理、成績管理、行事準備・遂行、学生の個別指導、学生の生活指導・健康管理・アルバイト指導など。

3.3 学習支援者

3.3.1 学習支援者はどのような役割か

学校の文化活動の指導者。安全生活指導の警察署・消防署・保健所。その他、地域交流の際の町会・自治会。

3.4 コーディネーター・主任教員等

3.4.1 コーディネーター・主任教員はどのような役割か

授業計画・時間割作成、講師管理・採用面談、授業担当者の割り振り、在籍管理、学生管理（面談）、教師間連絡、進学指導、成績管理、教科書管理、推薦状作成、対外交流、会議出席など

3.5 その他のプログラム運営の関係者・関係組織

3.5.1 どのような立場の人や機関が関係しているか

理事長（オーナー）、校長、事務長、教務主任、専任教員、非常勤教員、事務職員（外国籍の職員を含む）、地域の国際交流協会、ウェブサイト・Facebook などの情報管理者、海外エージェント

- 理事長（オーナー）、校長の主な職務：
  生徒募集等の全体方針の決定、他機関との交流、校内マネジメント、教職員人事など
- 事務長、事務職員の主な職務：
  経理、在校生情報の管理、生徒募集活動、入管関連業務、国内外の情報収集、対外交渉・交流、校内整備、保証人との連絡など
- 教務主任、専任教員の主な職務：
  年間スケジュール調整、時間割作成、教員配置、会議開催、成績管理、学生管理、行事準備、学生対応、教材作成・管理、HP 管理運営など

3.5.2 決定権のある関係者はだれか

理事長ないし校長。教務事項ならびに教員人事に関しては校長と教務主任。

3.5.3 上位組織と言語教育プログラムはどう関係し、位置づけられるか

上位組織による収集情報（内外の社会の動き・海外情勢の分析）が、プログラム内容や学生募集の戦略を方向付ける（ことが多い）。

3.5.4 その他の組織・関係者には何があるか（事務スタッフや組織外の関係者等）

- 海外エージェントとの関係：エージェントとの信頼関係を国毎に結べるかが学校の経営安定化に大きく関わる。勉学意欲や能力の高い、入管審査を問題なく通過できそうな学習者を確実に安定して送り出してくれるか、確かな経費支弁者を押さえているか、必要書類を期限までに適切にそろえて提出できるか、など。
- 出入国在留管理局（入管）との関係：ビザ発給に関わる必要情報の入手

〈 モノ 〉
3.6 施設・設備・備品

3.6.1 プログラムの対象者用に、どのようなモノがあるか

　机、椅子、荷物置き、ホワイトボード、マーカー、TV 受像機、プロジェクター、スクリーン、Wi-Fi 設備、図書、PC、掲示板、教材・教具（教科書、参考書）、絵本、コピー機、CD プレーヤー、地図、マグネット、カレンダー、名札など。
　施設として寮を完備。

3.6.2 教師・学習支援者用に、どのようなモノがあるか

　PC、USB、Web カメラ、机、レコーダー、コピー＆スキャン機、印刷機、椅子、ロッカー、教科書、参考図書、研究書、日本語教育関連教材・教具・レアリア（実物）、各種進学情報誌、バインダー、クリアフォルダー＆ファイル、ルーズリーフ、筆記具、マーカー、黒板消し、マグネットほか

〈 カネ 〉
3.7 予算・資金

3.7.1 プログラムにはどこからカネが来ているか

　学生の払う入学金、授業料。その他は不明。

3.7.2 どのぐらいカネがかかるか

　不明

〈 情報 〉
3.8 情報

3.8.1 プログラムにはどのような情報があるか

- ・資産情報、経営情報、海外情勢分析情報、国内情報（ことに留学生施策、留学生ビザ発給情報、進学関連情報）、日本語教育関係催事・出版情報
- ・指導情報（年間計画、月間計画、時間割）、教育実績（進路、日能試合格率）、学生情報（在学生、卒業生、退学生）、会議録、国内行事情報、当該年のラマダン期（イスラム教関連情報）・春節期

3.8.2 情報はどの範囲で共有されているか

　資産情報、経営情報、教職員の個人情報等を除き、情報はほとんどコンピューター管理され、原則として、常勤・非常勤を問わず教職員全員がアクセス権を持つ。

3.8.3 情報はどのような方法で共有されているか

　上述

【学習・教育の活動内容】

4.1 時間的枠組み

4.1.1 プログラムの時間的枠組み（期間・学習時間・単位数・活動頻度など）はどうなっているか

学習期間は2年（4月入学）または1年半（10月入学）。1年2期制。クラスは午前、午後の2部制。1日3時間、週5日、1期は6か月、460時間。単位制ではなく、ほとんどの科目が必修だが、進路により一部選択科目がある。

4.2 活動単位（科目等）の構成

4.2.1 どのような活動単位（科目等）の分類（4技能総合型、特定の技能・専門分野別など）になっているか

四技能総合型で、四技能をバランスよく育成することを目指している。

4.2.2 能力レベルを設定する場合、どのような基準を用いているか

日本語能力試験（JLPT）の技能レベルをおおよその基準としている。初級はN4レベル、中級前期はN3レベル、中級後期はN2レベル、上級はN1レベル以上。

4.3 各レベルや各活動単位（科目等）の目標とプログラム全体の目標の関連づけ

4.3.1 各レベルや各活動単位（科目等）の目標は、プログラム全体の目標とどう関連づけられているか

まず、入学の段階で原則JLPTのN4レベル以上を求めている。入学後には、各科目の指導単位の終了ごとに理解と習得のチェックテストを行うが、加えて将来進学するにせよ、就職するにせよ、自己の日本語レベルを客観的に示せるように、日本語能力試験の他、外部の能力試験の受験を勧めている。大学・大学院志望者はN1、専門学校志望者はN2かN3の合格を到達目標にしている。全体としてバランスの取れた四技能習得を目指している。

それから、意欲のある希望者には、外部のスピーチ大会への参加を促し、補助的な指導を行っている。

また、校外学習や地域のイベントへの参加を通して、日本人との交流の機会を多く設け、日本の社会・文化・の理解促進を図っている。

4.4 主な活動単位（科目等）の特性

4.4.1 どのような媒体を用いて指導や支援を行っているか（例:対面授業、オンライン授業、通信教育）

　対面授業が原則。新型コロナウイルス感染症（COVID-19）対策が必要だった時期は、オンライン授業を行い、一部ハイブリッド型の授業も行った。教室内では、課目や授業内容により、対面授業の他、グループ、ペア、個人指導も行っている。

4.4.2 どのぐらいのクラスサイズ（例：少人数クラス、個人指導、グループ学習）で、どのような学習形式（例：講義 - 演習型 / ゼミ形式 / グループ学習など）によって実施されるか

　通常、最大 15 名までのクラスで講義型の一斉授業を行う。来日の遅延や欠席などで出遅れた学生には個人指導も行う。グループワーク、ペアワーク、個人作業も積極的に取り込んでいる。個人学習の総仕上げとして、各学期末に、自分でテーマを決めて情報を集め、パワーポイントにまとめたものを発表させている。週に 1 回、レベルの区分を外した多読の時間を設けている。

4.4.3 どのような教材を用いているか（例：書籍 / 動画 / 生教材 / ウェブ 教材など）

　テキスト（主教材・副教材の書籍）の他、スライド（教員自作）、CD、VTR、WEB の各教材、一般書、各種生教材など。学期ごとにゲストスピーカーを招き、話の内容を教材としている。また、機会があれば外部の催し（地域の祭りなど）に参加させている。

4.4.4 どのようなシラバス（学習項目一覧）タイプか（例：構造（文法）、機能、技能（スキル）、場面、話題（トピック）、行動・体験中心の活動など）

　シラバス・指導法はレベル、教科、テキストに応じて多様。初級のメインテキストはタスクシラバス、場面シラバス、構文シラバスの混合。副教材は場面を中心に四技能の実践力の育成を図る総合教材。聴解、漢字、作文は主に場面シラバス、機能シラバスの混合。受験対策はスキル別かつレベル別に編集された問題集が中心。

（行動体験中心の活動については 4.4.3 参照）

4.4.5 どのような教育方法が用いられているか（例：直接法 / 媒介言語使用可、コミュニカティブアプローチ、タスク中心の教授法など）

　多くの学習者の母語が英語ではなく多様なので、日本語だけの直接法で、かつコミュニカティブアプローチならびにタスク中心での指導法を主にとっている。

4.5 各活動単位（科目等）での評価方法、プログラム修了の認定

4.5.1 各活動単位（科目等）でどのような評価方法が用いられているか（例：筆記テスト、会話テスト、プレゼンテーション、レポート課題など）

　時期を定めた評価は、基本的には学校全体で、学期ごとに中間テストと期末テストを実施するが、入門・初級レベルでは、テキストなどの区切りごとに行うことも多い。形式は、初級レベルはペーパーテスト、会話テスト、作文テストが中心だが、基礎ができてからは、スピーチ、レポート、プレゼンテーションなど、種々の形式も採用。

4.5.2 プログラム修了の認定はどのように行われるか

　学費が完納されていること、出席状況、在籍期間、並びに成績が所定の基準を満たしていることが修了認定の条件となり、担任・副担任、学年主任、教務主任らで確認する。在籍要件は、特定コースを除き、基本は1年、1年半、2年のいずれかとなる。

【実施・運営】

5.1 実施・運営スケジュール

5.1.1 プログラム実施・運営のスケジュールは、いつだれがどのように決めるか

　毎年繰り返されるスケジュールについては、実施の日時（時期）・運営方法がすでに決まっている。年間スケジュールは前年度を参考に、スケジュール担当教員が教務主任や事務方と相談しながら暦を見て決める。

5.2 教師・学習支援者および運営スタッフ

5.2.1 教師・学習支援者および運営スタッフは、いつだれがどのように決めるか（採用・配置）

　教師や運営スタッフの募集の多くは公募や人的ネットワークを使った欠員補充の形で、遅くとも学期開始の3か月前ぐらいを目途に行われる。選考は、教師については、校長と教務主任と専任が面接・話し合いで決める。事務スタッフについては、事務局長が中心に面接を実施し、決定する。教員については、複数の教師の前での模擬授業を課し、その結果を踏まえて決めている。合格後の担当クラスについては主任が中心に決定している。

5.3 対象者（学習者等）

5.3.1 対象者（学習者等）は、いつだれがどのように決めるか（募集・選考・受入れ）

　原則として入学希望者は海外（自国）にいるので、ウェブサイトや海外のエージェントを通じ、遅くとも入学の半年前ぐらいまでに募集をかける。日頃から事務局が海外の複数国のエージェントと密に連絡し、募集時期にはどこから何人送り出してくれるかを確認し、必要書類の送付を求める。

　応募者の応募資格のチェックは願書が日本に送られてきた段階で行う。学校としては原則全員受け入れであるが、入管の査定次第で増減する。

5.4 シラバス、時間割等

5.4.1 シラバス、時間割等はいつだれがどのように作成するか

　初級、初中級はテキストに合わせて進行予定が決まるので、時間割とシラバスはすでにできているものを基とする。中上級は、クラス担任が、学生の顔ぶれ（国籍、学習歴、希望進路）と非常勤講師の出勤日などを考慮しながら、前年度を参考に、学期開始前にシラバスと時間割を決定する。

5.5 リソース（資源）の配置と共有

5.5.1「ヒト」の配置をどうするか

　主任が、まず非常勤教師の出勤可能日を勘案しながら担当クラスと担当日を割り振り、その隙間に常勤講師の担当日を当てていく。担任は原則、常勤講師が務める。

5.5.2「モノ」の配置をどうするか
5.5.2.1「場所」の配置をどうするか

　どの教室をどのクラスが使うかは慣例でほぼ決まっている。変更の必要があれば当事者が主任と相談する。共同使用の教室（PC室など）は、話し合いで決める。教室環境に差異がある場合は学期の区切りで教室を交替使用することもある。

5.5.2.2 その他の「モノ」の配置をどうするか

　慣習でモノの配置はほぼ決まっている。変更の必要があれば、主任および関係者で相談して決める。新しく持ち込まれたものについては関係者で配置を決める。

5.5.3「情報」の共有をどうするか

　その日に必要な諸々の情報は、朝の集会で教務主任や事務長が伝達する。全体への告知はこれまでは教員室の掲示板に掲示されたが、最近は教職員共有のメッセージアプリの使用が増えている。同じクラスの担任同士の情報共有や学生への一斉伝達もメッセージアプリ使用が多くなった。

5.6 他部署・他機関との連携

5.6.1 組織内関連他部署との連携をどうするか

組織も校舎も大きくないので、多くは直接連絡。もしくは掲示やメッセージアプリやメールで連絡をとる。

5.6.2 組織外との連携をどうするか

必要情報のやり取りは、ほとんどネットワークを通じて行うが、一部は郵便も使われる。

専門学校への進学に関しては、多くの場合、初めに専門学校側からコンタクトがあり、そこから学校見学などを経て連携が始まることが多い。

5.7 「ヒト」への支援

5.7.1 対象者（学習者等）への支援は、どのようにしているか

日常における学習支援は当該課目の担当教師が支援し、経緯と結果は授業レポートに記録して教師間で共有する。長期にわたる支援や個別の支援が必要な場合は、担任と主任を中心に、計画的な支援体制をとる。

5.7.2 教師・学習支援者および運営スタッフへの支援は、どのようにしているか

必要な支援の内容に応じて、より適切な対応のできる同僚や先輩、あるいはスタッフや管理責任者（主任、管理者）が協力・支援を行う。

5.8 プログラムの点検・評価システム

5.8.1 プログラムの点検・評価はいつだれがどのように実施するか

学校独自の点検評価システムは未だできていないが、次年度から日本語教育振興協会（日振協）の維持会員として3年毎の「教育活動評価」ないし「第三者評価」の審査を受ける計画を立てている。

5.8.2 どのような証拠資料（エビデンス）をいつだれがどのように保存するか

点検評価システムが未構築で、エビデンスの保存についてのシステマティックな方策はとられていないが、各教師が施行したテスト結果をすべて記録した「クラスノート」や、期末（学年末）のアンケートの結果を年度ごとに保存している。専任会議、教員会議についてはデジタル記録を作成・保存している。

5.8.3 問題点の改善をいつだれがどのように行うか

常勤・非常勤講師に年度末に担当授業についての総合アンケートを実施し、問題点の収集を行い、その結果について教務主任や常勤講師を中心に教員会議で検討し、結果を記録し、必要に応じて全講師に通知している。

5.9 危機管理／リスクマネジメント

5.9.1 危機管理／リスクマネジメントはだれがどのようにしているか（例：感染症、自然災害、情報漏洩、誹謗中傷）

危機管理の最高責任者は理事長だが、現場で実質的に指揮を執る責任者は校長で、現場の者と相談しながら緊急時の対応策を打ち出す。必要に応じて緊急教職員会議が招集される。

【成果と課題】

6.1 成果・目標達成の程度

6.1.1 どのような成果があがったか、また、どの程度「目標」が達成できたか

本校では、中級以降の発話力が伸び悩む傾向があり、ことに正確さに欠ける学習者が少なくないことから、「正しく話そう／たくさん話そう」という年間目標を掲げたら、各教師がその目標を意識して指導を行い、一定の成果を得た。また、どのクラスでも、自分の発話だけでなく、友達の発話の正確さにも意識が向くようになってきた。その結果として、各学習者に発話の質・量を意識させる機会が増えて、どのクラスも学期ごとに長く話せる学生が増えた。

6.2 問題点・今後への課題

6.2.1 どのような問題点・今後への課題があるか

学習者の発話は量だけでなく質の検討がさらに必要である。一定期間ごとの成果を積み重ねて指導に生かすためには、教師間で指導上の気づきや疑問を共有し、解決に向かえることが望ましいが、今年度はその実行には至らなかった。次年度は各クラスの成果を提示しあう機会を作ることが課題となった。

6.3 問題解決・改善への取り組み

6.3.1 どのように問題解決・改善に取り組むか

会話指導に限らず、クラス全体のレベルアップのための指導と個別指導のあり方について、エビデンスを積み重ね、その結果を持ち寄る研究会を開催し、成果を生かした実践を行っていく。

【記入後の気づき】

これまでは自分が担当した科目やクラスを基に本校の指導のあり方を捉えていたが、今回このテンプレートに記述したことで、大局的に本校の特長や全体像をつかめた気がする。本校の日本語教育の今後を考えていくうえでの基盤ができたという点で貴重な体験となった。

7.3 日本語教育サービスを提供する会社の場合

記入者：	徳島 遥 （立場： 日本語教師（時間給） ）

対象プログラム／コース／科目

名称	機関名／コース名など 　ことばのサポート株式会社
実施期間	2020 年 10 月 ～ 2021 年 6 月

利用の目的　＊当てはまる項目に✓（複数回答可）

✓	プログラムの全体像を把握する		プログラムの現状を記録する
✓	問題を特定する		過去のプログラムを振り返る
	プログラムについて説明する		新しいプログラムを作る
	その他：		

記入後に見せたい人　＊当てはまる項目に✓（複数回答可）

✓	内部者（具体的に：社長。また、チームで一緒に教えることもある他の日本語教師）
	外部者（具体的に：　　　　　　　　　　　　　　　　　　　　　　　）
	その他（具体的に：　　　　　　　　　　　　　　　　　　　　　　　）
	自分のみ

【社会的背景・プログラムの現状】および【基本理念・使命・目標】

2.1 社会的背景・プログラムの現状

2.1.1 社会的背景

2.1.1.1 対象プログラムは内外のどのような社会状況あるいはニーズと関連しているか

　日本語教育推進基本法が制定され、今後、企業でも外国人社員向けの福利厚生として日本語授業を外注することが増えると見越している。その一方で、大手の日本語学校や語学スクールもますます進出してくる可能性が高い。

2.1.1.2 対象プログラム実施にあたり、考慮すべき社会的条件や制約があるか

　COVID-19のような世界的なパンデミックにより、来日外国人が減ると受注契約も減る。

　日本語教育推進基本法など日本語教育に関する法的整備が進むと企業が外国人社員への福利厚生として日本語授業料を支払うようになり、受注契約が増える。その反面、日本語教育が利益を得られる投資対象として社会で認識されるようになると大手の会社が参入してくるので、入札の際、不利になる。

　現在、日本語能力試験のN1やN2を日本語力の目安に使用している。新たな日本語教育の参照枠が普及してくると、商品の見直しを迫られる。

2.1.2 プログラムの現状

2.1.2.1 対象プログラムには社会状況やニーズ、社会的条件や制約がどう影響しているか

　わからない。

2.1.2.2 （既存プログラムの場合、）どのような実績や課題があるか

　1990年代から大手の企業や実習生のプログラムを担当してきた実績がある。元日本語教師の社長が営業をして契約を取ってくるが、長期的な見通しなどはない（と思う）。大手の日本語学校とは違い、日本語教師と雇用契約を結んでおらず、仕事の依頼が会社に来てから、登録している日本語教師に連絡を取るシステムになっている。継続的に日本語教師に仕事をオファーできないため、経験豊富な日本語教師の定着が悪く、会社の特徴を活かした日本語教育のノウハウが蓄積されないことが課題。

2.2 基本理念・使命・目標

2.2.1 基本理念・使命

2.2.1.1 対象プログラムの基本理念・使命は何か

　「あなたのニーズに言葉のプロが100％お応えします」

　　→通訳、翻訳、日本語指導など、企業が抱える業務や社員の言葉に関する困りごとを個別に聞き、カスタマイズで解決することを会社の使命としている。

2.2.2 目標

2.2.2.1 目標や下位目標は何か

ビジネスや介護・医療現場で働く外国人に必要な日本語とコミュニケーション能力を効率的に伸ばす。

「さまざまなレベルの外国人が必要とする日本語を磨きます」

「日本語だけでなくビジネスマナーや敬語の運用力も伸ばし、会社で起こり得る場面を想定して適切に対応できるスキルを伸ばします」

【リソース（資源）】

〈 ヒト 〉

3.1 対象者（学習者等）

3.1.1 どのような対象者がいるか

日本国内の企業に採用された外国人社員、外国人介護技能実習生、
外国人看護師、医療従事者、長期出張で来日するエグゼクティブ社員、
専門学校で学ぶ留学生

3.1.2 背景・特性等はどのようなものか

・仕事のために必要な日本語を学ぶ。実際に現在、仕事で日本語を必要としている。

・専門学校で技術を学びながら日本語を学ぶ。学習目的は、就職後よりも就職のための試験やインターンシップの際に有利になるための日本語を学ぶこと。

・長期出張で会社のトップとして来日してくる外国人：欧米系が多い。レッスンはプライベートレッスンや、夫婦一緒のレッスンが多い。仕事では日本語は使わない。会社の福利厚生として授業を受ける。授業に対して要求が多い。英語を使用して教えてほしがる。絵カードなどを使った通常の日本語授業を好まない。

企業、専門学校など組織から受注するものは学習者が直接支払うことがないので授業の金額には無頓着（休んでももったいないと思わなかったり、授業をサボっても平気）。

3.2 教師

3.2.1 教師はどのような役割か

日本語を教える以外に以下の役割を果たしている。

専門学校：社会的なマナーを教える存在。他の授業についていけないとき、日本語に関するアドバイスをする人。日本語力の不足によって周囲の人とコミュニケーションで悩みを抱える学習者の相談相手。

技能実習生、医療従事者、長期出張滞在の社員：日本の生活に関する情報を教える人。生活が落ち着くまで日常の困りごとについても相談できる人。

3.3 学習支援者

3.3.1 学習支援者はどのような役割か

いない。この部分を教師が担うことが多い。

3.4 コーディネーター・主任教員等

3.4.1 コーディネーター・主任教員はどのような役割か

契約や教師の配分はすべて社長が一人で担当している。

コーディネーターはいない。チームで教える際、長年教えていて慣れた人が自然と会社との連絡や非常勤講師同士のまとめ役になる。

3.5 その他のプログラム運営の関係者・関係組織

3.5.1 どのような立場の人や機関が関係しているか

社長、契約をしている非常勤講師、事務担当の職員（社長の家族も含む）

3.5.2 決定権のある関係者はだれか

社長が営業をして日本語を教える仕事の新規契約や以前の再契約などをする。また、入札に参加する。

大まかな授業の予定を決め、担当する日本語教師を契約しているメンバーから選定する。

使用教材などは社長が決めるか、社長が契約先の担当者と相談して決めることが多い。

支払いなどは事務担当の職員が担当する。

3.5.3 上位組織と言語教育プログラムはどう関係し、位置づけられるか

上位組織は存在しない。

3.5.4 その他の組織・関係者には何があるか（事務スタッフや組織外の関係者等）

組織内には他の組織はない。さまざまなものを受注しているが、すべて契約している非常勤。

組織外：技能実習生を教える際、技能実習生の監理団体の人や技能実習生受け入れ先の病院や企業の担当者、企業で教える場合学習する外国人社員の先輩や日本人上司、専門学校で教える場合には教務課や総務課の職員など。

〈モノ〉

3.6 施設・設備・備品

3.6.1 プログラムの対象者用に、どのようなモノがあるか

発注する側の企業、団体、学校などが、教室や会議室やセミナー室に、ホワイトボードやテレビ（モニター）などを準備してくれる。

教材は受け入れ先が購入し、各自に配布している。

教材は各教師が私物を持参する。貸出などはない。

3.6.2 教師・学習支援者用に、どのようなモノがあるか

なし。教科書などをストックして置く場所がない。授業の教師が自腹で準備する。指定教科書は授業を担当することになった教師が自分で準備する。指定教科書を所有していない場合は教師が自分で購入して準備しなければならない。

〈カネ〉

3.7 予算・資金

3.7.1 プログラムにはどこからカネが来ているか

学習者が属する企業など

指導費用：プライベートレッスン（1名）1時間 4,000 円、
　　　　　グループレッスン（3名まで）5,000 円、（4～6名）7,000 円
　　　　　と講師の交通費。

3.7.2 どのぐらいカネがかかるか

講師への授業担当分の料金や交通費を払っていると思うが、その他の経費については不明。

〈情報〉

3.8 情報

3.8.1 プログラムにはどのような情報があるか

ホームページに書いてある内容ぐらい。

3.8.2 情報はどの範囲で共有されているか

情報の共有はかなり限定的。社長のみがすべての情報を把握している。授業の情報は担当する教師のみに伝えられ、登録している教師間では情報共有の機会がない。

3.8.3 情報はどのような方法で共有されているか

新規の授業が決まったとき、詳細がメールで送られてくる。わからないことがあった場合、電話で問い合わせることもある。

【学習・教育の活動内容】

4.1 時間的枠組み

4.1.1 プログラムの時間的枠組み（期間・学習時間・単位数・活動頻度など）はどうなっているか

受注内容によって異なる。技能実習生の場合には終日で連続して数週間。外国人社員の場合、週に2回など。

4.2 活動単位（科目等）の構成

4.2.1 どのような活動単位（科目等）の分類（4技能総合型、特定の技能・専門分野別など）になっているか

顧客のニーズによって異なるので決まった「科目」や「コース」はない。ただ、大きく、レベル別、目的別に分かれていて、ニーズに応じてこの組み合わせを提示して、大枠が決まる。教え方も会話中心か読み書き中心か、顧客のニーズを聞き取って決める。

4.2.2 能力レベルを設定する場合、どのような基準を用いているか

信頼できる外部指標を用いていない。日本語能力について具体的なレベルイメージを持たない顧客が、ゼロ初級も中級に近い初級もすべて「初級」、それ以外は「中級」とレベル分けをして依頼してくる。

4.3 各レベルや各活動単位（科目等）の目標とプログラム全体の目標の関連づけ

4.3.1 各レベルや各活動単位（科目等）の目標は、プログラム全体の目標とどう関連づけられているか

「プログラム全体の目標」を「日本語教育事業の目標」に置き換えると、「顧客のニーズを満たす」ことになると思う。これまで意識して関連づけたことはなかったが、結果的にそれぞれの活動単位の目標はこれと合致している。

4.4 主な活動単位（科目等）の特性

4.4.1 どのような媒体を用いて指導や支援を行っているか（例：対面授業、オンライン授業、通信教育）

対面授業

4.4.2 どのぐらいのクラスサイズ（例：少人数クラス、個人指導、グループ学習）で、どのような学習形式（例：講義 - 演習型 / ゼミ形式 / グループ学習など）によって実施されるか

個人授業かグループ授業

4.4.3 どのような教材を用いているか（例：書籍／動画／生教材／ウェブ教材など）

　たまたま使える教科書があれば使う（例えば、技能実習生の場合には『みんなの日本語』『大地』など）。それ以外は、教師が作成するプリント教材を使用。

4.4.4 どのようなシラバス（学習項目一覧）タイプか（例：構造（文法）、機能、技能（スキル）、場面、話題（トピック）、行動・体験中心の活動など）

　顧客のニーズによってシラバスも異なる。だいたい、文法シラバスか場面シラバス。

4.4.5 どのような教育方法が用いられているか（例：直接法／媒介言語使用可、コミュニカティブアプローチ、タスク中心の教授法など）

　直接法だが、必要に応じて英語も使用。

4.5 各活動単位（科目等）での評価方法、プログラム修了の認定

4.5.1 各活動単位（科目等）でどのような評価方法が用いられているか（例：筆記テスト、会話テスト、プレゼンテーション、レポート課題など）

　成績は算出しない。コースの終わりにプレゼンテーションを行うこともある。日本語を教える場所が社内の人事担当者（日本語教育を依頼した人）が参加できるような場所の場合、プレゼンテーションを見学に来ることもある。

4.5.2 プログラム修了の認定はどのように行われるか

　特になし。

【実施・運営】

5.1 実施・運営スケジュール

5.1.1 プログラム実施・運営のスケジュールは、いつだれがどのように決めるか

　社長が顧客の希望を聞き取り、決める。あるいは、入札情報の中にあらかじめ盛り込まれている。

5.2 教師・学習支援者および運営スタッフ

5.2.1 教師・学習支援者および運営スタッフは、いつだれがどのように決めるか（採用・配置）

　社長が、担当する日本語教師を決めて手配する。

5.3 対象者（学習者等）

5.3.1 対象者（学習者等）は、いつだれがどのように決めるか（募集・選考・受入れ）

　依頼元の顧客＝発注する側の企業、団体、学校

5.4 シラバス、時間割等

5.4.1 シラバス、時間割等はいつだれがどのように作成するか

社長が日時と大枠を決める。担当することになった日本語教師がいつ、何をするかの学習予定表を作る。

5.5 リソース（資源）の配置と共有

5.5.1「ヒト」の配置をどうするか

登録している日本語教師のリストの中から、社長が担当者を決め、連絡をする。

5.5.2「モノ」の配置をどうするか

5.5.2.1「場所」の配置をどうするか

発注する側の企業、団体、学校が決める。

5.5.2.2 その他の「モノ」の配置をどうするか

発注する側の企業、団体、学校が決める。

5.5.3「情報」の共有をどうするか

発注する側からの情報は社長が一元管理し、担当する日本語教師へ伝える。その他に、教える中で学習者から聞き取った情報などは、必要に応じて同じ学習者を教える他の日本語教師と共有する。

5.6 他部署・他機関との連携

5.6.1 組織内関連他部署との連携をどうするか

組織内関連他部署がない。

5.6.2 組織外との連携をどうするか

社長。学会やシンポジウムに参加したり、出版社を訪ねたり、これまで契約した会社に連絡をとったりして、連携というよりも営業として外部とコネクションを作っている。

5.7「ヒト」への支援

5.7.1 対象者（学習者等）への支援は、どのようにしているか

特別な支援体制はない。授業以外の支援はおそらく学習者が所属する会社や学校がしていると思う。

5.7.2 教師・学習支援者および運営スタッフへの支援は、どのようにしているか

特別な支援体制はない。

5.8 プログラムの点検・評価システム

5.8.1 プログラムの点検・評価はいつだれがどのように実施するか

「だれ」は顧客。「いつ」は次の入札時。

定期的な外部の評価などは受けていない。次の入札で受注できるかどうかや同じ会社から再度依頼があるかが実質的な評価になっていると思う。

5.8.2 どのような証拠資料（エビデンス）をいつだれがどのように保存するか

どのような証拠資料かは不明。おそらく社長が何か保存していると思う。

5.8.3 問題点の改善をいつだれがどのように行うか

「問題点」が日本語教育事業全体のことであれば、不明。日本語の授業に関しては、繰り返し受注している授業（例えば、技能実習生の授業など）は、各教師がカリキュラムや教科書などの改善を行っている。

5.9 危機管理／リスクマネジメント

5.9.1 危機管理／リスクマネジメントはだれがどのようにしているか（例：感染症、自然災害、情報漏洩、誹謗中傷）

感染症、自然災害に関することは、新学期のオリエンテーションで学習者に配布する資料に含まれており、教師もそれを参照している。実際に何かコトが起きたときにだれがどう動くのかは尋ねたこともなかったためよくわからないが、おそらく、社長が陣頭指揮を執ると思う。

【成果と課題】

6.1 成果・目標達成の程度

6.1.1 どのような成果があがったか、また、どの程度「目標」が達成できたか

これまでに学習者がのべ 1000 人ぐらいいる。

教材を発行したことがある。

一般競争入札で落札できたことがある。

目標を共有していないので、目標を達成できたかどうかは不明。

6.2 問題点・今後への課題

6.2.1 どのような問題点・今後への課題があるか

営業、契約、教師の手配まですべて社長が1人でやっている。社長が倒れた場合にはおそらく会社が回らないと思う。

日本語教師は仕事があるときにだけ請負う。これにより、他の日本語教育機関に所属していても構わないという自由がある一方、過去に似たようなコースを受注していても、その情報がなく、毎回、一からシラバスを作るのが大変だという問題点がある。割りに合わない。また、新規教材作成を社長が思いつきで企画し、声をかけやすい登録の日本語教師に依頼するが、時間をかけても出版に至るような教材ができなかった場合、結局、報酬が出ないまま、企画が自然消滅してしまうことがある。しかし、仕事の採配を振るう社長から直に声をかけられた場合、報酬が支払われないかもしれないとわかっていても断りづらい。

6.3 問題解決・改善への取り組み

6.3.1 どのように問題解決・改善に取り組むか

社長の意識がどう変わるか次第だと思う。外部の評価が入って、日本語教師に対する処遇が適切であるか、審査してほしい。

【記入後の気づき】

今回のテンプレートの記述は、あくまで雇われている一教師の視点で会社を捉えたものになります。それでも、会社の理念や社会背景など、これまでどのような影響があるのか考えたことがないことについて意識できたと同時に、プログラムとしての問題点も見えた気がします。次は、社長と一緒にこのテンプレートを記述し、問題の共有と可視化をしたいと思います。

7.4 大学の留学生別科の日本語プログラムの場合

| 記入者： | 千葉 あさひ （立場： 非常勤講師 ） |

対象プログラム／コース／科目

名称	機関名／コース名など 大学　留学生別科　日本語コース
実施期間	2018 年 4 月 ～ 2019 年 2 月

利用の目的　＊当てはまる項目に✓（複数回答可）

✓	プログラムの全体像を把握する		プログラムの現状を記録する
✓	問題を特定する	✓	過去のプログラムを振り返る
	プログラムについて説明する		新しいプログラムを作る
	その他：		

記入後に見せたい人　＊当てはまる項目に✓（複数回答可）

✓	内部者（具体的に：　　　　　　　　　　　　　　　　　　　　　）
	外部者（具体的に：　　　　　　　　　　　　　　　　　　　　　）
	その他（具体的に：　　　　　　　　　　　　　　　　　　　　　）
	自分のみ

【社会的背景・プログラムの現状】および【基本理念・使命・目標】

2.1 社会的背景・プログラムの現状

2.1.1 社会的背景

2.1.1.1 対象プログラムは内外のどのような社会状況あるいはニーズと関連しているか

　1983年に打ち出された留学生10万人計画、2008年の30万人計画に呼応する形で国内的には留学生受け入れ政策が加速した。同時に、海外からは日本の大学や大学院への留学に対する期待が膨らんでいった。この時期に、特に中国を中心としたアジア諸国からの留学生受け入れのための日本語教員養成講座ができ、並行して進学予備教育の受け皿として、1990年代前半より留学生別科として開設された。

2.1.1.2 対象プログラム実施にあたり、考慮すべき社会的条件や制約があるか

　日本とアジア諸国との関係の変化に左右されることが多く、上海事件、尖閣諸島帰属、竹島問題など、日本および留学生の国々の外交政策や、東日本大震災、福島原発事故など国内的な災害が、募集に大きく影響する。

2.1.2 プログラムの現状

2.1.2.1 対象プログラムには社会状況やニーズ、社会的条件や制約がどう影響しているか

　中国、台湾、韓国などの漢字圏の学習者が減少し、ベトナム、インドネシア、モンゴルなどの非漢字圏の学習者が在籍するようになり、漢字クラスが増設された。

2.1.2.2 （既存プログラムの場合、）どのような実績や課題があるか

　社会状況などにより、日本語教員養成講座を修了した学生の進路とその後のキャリアが養成講座の評価にも影響し、間接的に留学生別科への学内的な支援にも影響する。また、文科系大学ということもあり、別科生にとっては内部進学の分野の選択の幅が少なく、社会科学および理工系への進学希望者を取り込むことが難しくなっている。

2.2 基本理念・使命・目標

2.2.1 基本理念・使命

2.2.1.1 対象プログラムの基本理念・使命は何か

　人に対して温かい愛情を持ち、人間の尊厳を尊重し、地球市民として人々と協同し人類の平和と共存に資する人を養成する。

2.2.2 目標

2.2.2.1 目標や下位目標は何か

　上記の理念に照らして、留学生が日本のさまざまな分野へ進学できるよう日本語および進学に必要な基礎科目を学ぶと同時に、日本文化・日本社会事情を学び、学部生との交流を通して体験的に異文化を学びあう。

　具体的には、留学生それぞれのレベルに応じたクラスで希望する進路に進学できるようする。

【リソース（資源）】

〈 ヒト 〉

3.1 対象者（学習者等）

3.1.1 どのような対象者がいるか

　進学を目的とした留学生、および学部の交換留学生。

3.1.2 背景・特性等はどのようなものか

　中国本土、香港、台湾、韓国などの漢字圏に加え、モンゴル、ベトナム、バングラデシュ、ミャンマー、インドネシアなどの非漢字圏のアジアからの学生が多い。ロシア、ドイツ、ニュージーランドなどの交換留学生も受講する。

3.2 教師

3.2.1 教師はどのような役割か

　対象者（学習者）への日本語・日本事情の指導をする。また進学に必要な基礎科目（英語、数学、理科、社会など）の指導を行う。

3.3 学習支援者

3.3.1 学習支援者はどのような役割か

　アドバイザー制度により、留学生にはそれぞれアドバイザーがおり、日本での生活の助言やサポートを行っている。また、学部生がチューターとして学生生活のサポートを行う。

3.4 コーディネーター・主任教員等

3.4.1 コーディネーター・主任教員はどのような役割か

　別科全体のプログラムを統括し、担当教員の配置、年間スケジュール調整、各コースのシラバスや授業計画を策定。入学試験や進学指導も行う。

3.5 その他のプログラム運営の関係者・関係組織

3.5.1 どのような立場の人や機関が関係しているか

理事会、教授会、別科長、コーディネーター、留学生担当事務部門、各授業担当講師

3.5.2 決定権のある関係者はだれか

理事会：別科存続の可否を決定

教授会：別科長の選定、専任教員の配置

コーディネーター：上記参照。

留学生担当事務部門：在留資格等の手続き、保証人やアドバイザーとの連絡業務、別科行事の準備および実行に関与。

教師：担当科目のシラバスをコーディネーターと共に策定、教材作成、個別の学生対応、授業実施。

3.5.3 上位組織と言語教育プログラムはどう関係し、位置づけられるか

上位組織（理事会など）は、日本語教育プログラムに対して、対象者（学習者）の増加、学部に設置されている日本語教師養成講座の活性化、卒業後のキャリア形成に役立ち大学の社会的評価が高まることを期待している。

3.5.4 その他の組織・関係者には何があるか（事務スタッフや組織外の関係者等）

事務スタッフ：上記 3.5.2 に記載した「留学生担当事務部門」を参照のこと

地域住民：別科行事に参加（スピーチ大会、年中行事のイベントに協力）

ロータリークラブ：留学生紹介、ロータリークラブの行事に招待

別科卒業生：新規学習者（留学生）の紹介とサポート

学部の留学生との交流サークル：学生同士の交流や日本文化紹介、日本語と留学生の母語との言語交換学習、別科行事への参加

〈モノ〉

3.6 施設・設備・備品

3.6.1 プログラムの対象者用に、どのようなモノがあるか

施設：教室、図書館、コンピューター室、学生用ラウンジ、食堂、サークルの部屋

設備：ホワイトボード、黒板、プロジェクター、スクリーン、コピー機、Wi-Fi、掲示板、テレビ、カセットレコーダー

備品：教科書、参考書、日本語教材関連教材、教具、レアリア、PC、テレビ、CD レコーダー、地図、マグネット

3.6.2 教師・学習支援者用に、どのようなモノがあるか

講師室（準備室・会議室）、PC（共用）、日本語教材関連教材、参考書、研究書、教具、授業記録

〈 カネ 〉
3.7 予算・資金

3.7.1 プログラムにはどこからカネが来ているか

大学の年間予算から配分される。

3.7.2 どのぐらいカネがかかるか

不明

〈 情報 〉
3.8 情報

3.8.1 プログラムにはどのような情報があるか

対象者の進路希望およびその実績、授業記録、研究実績、提携校、対象者の関係者、地域コミュニティーや日本語教育関係機関との情報交換

3.8.2 情報はどの範囲で共有されているか

対象者の進路希望およびその実績：教員、別科事務スタッフ

授業記録：教員

3.8.3 情報はどのような方法で共有されているか

授業記録（紙媒体、電子データをクラウド上で保存／共有）、会議、科目別ミーティング

【学習・教育の活動内容】

4.1 時間的枠組み

4.1.1 プログラムの時間的枠組み（期間・学習時間・単位数・活動頻度など）はどうなっているか

期間：4月～2月　35週

学習時間：840単位時間

4.2 活動単位（科目等）の構成

4.2.1 どのような活動単位（科目等）の分類（4技能総合型、特定の技能・専門分野別など）になっているか

初中級、中級、上級の言語レベル別に、総合、技能別、漢字のクラスが設定されている。また、日本事情、歴史・地理・数学・理科など受験対応科目、進学後の日本語に対応するアカデミックジャパニーズなどがある。

4.2.2 能力レベルを設定する場合、どのような基準を用いているか

日本語能力試験を参考に独自のレベル分け試験を実施。

4.3 各レベルや各活動単位（科目等）の目標とプログラム全体の目標の関連づけ

4.3.1 各レベルや各活動単位（科目等）の目標は、プログラム全体の目標とどう関連づけられているか

大学や専門学校、さらに大学院進学に合格可能な日本語の能力および志望校の受験に対応した能力を身につけること。

4.4 主な活動単位（科目等）の特性

4.4.1 どのような媒体を用いて指導や支援を行っているか（例：対面授業、オンライン授業、通信教育）

対面授業

4.4.2 どのぐらいのクラスサイズ（例：少人数クラス、個人指導、グループ学習）で、どのような学習形式（例：講義 - 演習型 / ゼミ形式 / グループ学習など）によって実施されるか

少人数クラスで、講義・演習型とグループ学習によって実施。

4.4.3 どのような教材を用いているか（例：書籍 / 動画 / 生教材 / ウェブ教材など）

市販主教材、担当教師が作成した教材、

担当科目に適した新聞や動画などの生教材、受験対応の練習問題

> 4.4.4 どのようなシラバス（学習項目一覧）タイプか（例：構造（文法）、機能、技能（スキル）、場面、話題（トピック）、行動・体験中心の活動など）
>
> 　主教材は複合的なシラバス。応用として口頭表現・文章表現など技能別シラバスを基本とするも、それぞれ場面・話題などが要素として含まれている。
>
> 4.4.5 どのような教育方法が用いられているか（例：直接法／媒介言語使用可、コミュニカティブアプローチ、タスク中心の教授法など）
>
> 　直接法が基本。クラスや担当者によりアプローチは異なる。

4.5 各活動単位（科目等）での評価方法、プログラム修了の認定

> 4.5.1 各活動単位（科目等）でどのような評価方法が用いられているか（例：筆記テスト、会話テスト、プレゼンテーション、レポート課題など）
>
> 　筆記テスト、会話テスト、日本語作文、発表、出席率、宿題の提出
>
> 4.5.2 プログラム修了の認定はどのように行われるか
>
> 　出席率が70％以上で、上記の試験が60％以上の者に対して修了認定。

【実施・運営】

5.1 実施・運営スケジュール

> 5.1.1 プログラム実施・運営のスケジュールは、いつだれがどのように決めるか
> 　前年度中に専任教員によって策定。

5.2 教師・学習支援者および運営スタッフ

> 5.2.1 教師・学習支援者および運営スタッフは、いつだれがどのように決めるか（採用・配置）
> 　教師の採用は、公募と紹介の併用。配置は、学生募集の状況をにらみながら、学期開始3～4か月前に決定。

5.3 対象者（学習者等）

> 5.3.1 対象者（学習者等）は、いつだれがどのように決めるか（募集・選考・受入れ）
> 　専任教員が入学試験を行い決定。また、海外の提携校や卒業生の紹介などを通して受け入れを実施。

5.4 シラバス、時間割等

5.4.1 シラバス、時間割等はいつだれがどのように作成するか

時間割は専任教員が基本的には学期開始前までに作成するが、シラバスは担当教員（非常勤）も加わり調整する場合が多い。また、専任教員が担当しない科目に関しては、担当の非常勤講師が作成する。

5.5 リソース（資源）の配置と共有

5.5.1「ヒト」の配置をどうするか

学生のクラス分けは、開始前にプレースメントテストを実施し、行う。教員の配置は、学期開始の前年度後半に配置する。

5.5.2「モノ」の配置をどうするか

5.5.2.1「場所」の配置をどうするか

教室の配置は長期にわたってほぼ決まっている。また、専任には決まった個室があり、非常勤講師の準備室は教室近くに講師室が配置されている。

5.5.2.2 その他の「モノ」の配置をどうするか

必要な機材や教材などは準備室としての講師室に配置されている。また、モニター、スクリーンなどの大型の装置は各教室に設置されている。

5.5.3「情報」の共有をどうするか

授業担当者が毎回決められた様式でクラウド上に保存し、担当者間で情報を共有している。また、必要ならメールや電話などでも詳細な情報を伝えることは可能。学生の個別の情報は、専任のみが把握していて全体に共有できないこともあり、教員による対応にずれが生じる場合がある。

5.6 他部署・他機関との連携

5.6.1 組織内関連他部署との連携をどうするか

大学に付設された別科ということもあり、契約や待遇などは総務部門、教室で使用する備品や教材などの補充は別科事務室、広報関係は広報部門、新規対象者の受け入れは教務部門、生活支援や進路支援は別科専任および別科事務室、教員給与の詳細は経理部門など、大学の各機関との連携がある。時間割策定は、学部や大学院の授業とは別枠で別科専任により策定されているが、学部の日本語教育課程の実習や日本事情など学部生が一部参加する科目は教務部門において調整されている。

5.6.2 組織外との連携をどうするか

学園祭などの大学の行事に参加する場合は、学生会組織との連携がある。また、別科独自の行事では地域住民、別科生のアドバイザーなど、組織外の人々も参加する。

5.7 「ヒト」への支援

5.7.1 対象者（学習者等）への支援は、どのようにしているか

日常的には、担当した教員の支援が占める割合が高い。しかし、大学にあるカウンセリング部門やクリニック、国際交流室などの支援を得ることが可能。

5.7.2 教師・学習支援者および運営スタッフへの支援は、どのようにしているか

非常勤講師に対する職能開発に関する支援はない。非常勤は専ら自己研鑽する以外にない。研究費、学会参加の補助などもなく、自前で賄う。

5.8 プログラムの点検・評価システム

5.8.1 プログラムの点検・評価はいつだれがどのように実施するか

学期終了時に学生に対して全学共通して実施されるアンケートが別科でも実施される。ただ、留学生は質問の意味がわからないことも多く、誠実に解答しているとは思えないことがしばしばある。

5.8.2 どのような証拠資料（エビデンス）をいつだれがどのように保存するか

不明

5.8.3 問題点の改善をいつだれがどのように行うか

不明

5.9 危機管理／リスクマネジメント

5.9.1 危機管理／リスクマネジメントはだれがどのようにしているか（例：感染症、自然災害、情報漏洩、誹謗中傷）

感染症や自然災害に関する対応については、教務課から配布されたマニュアルが全教員に配布されており、緊急の連絡その都度定められた連絡網で対応している。情報に関しては、情報課が管理し、必要に応じて研修を行っている。

【成果と課題】

6.1 成果・目標達成の程度

6.1.1 どのような成果があがったか、また、どの程度「目標」が達成できたか

全員進学することができた。学部への進学が 15 名、大学院が 8 名、専門学校が 5 名進学した。

年によっては中途退学する学生や進学を断念して帰国する学生もいるが、今回は中途退学する学生がいなかったことで、ほぼ 100％目標を達成できたと考える。

6.2 問題点・今後への課題

6.2.1 どのような問題点・今後への課題があるか

使用教材の共有や授業内容の伝達が原則に則ってされていないことがあった。そのため、コースが予定通り実施できないことも時々あり、当日急遽、変更せざるを得ないなど、現場に混乱が起きることがあった。

6.3 問題解決・改善への取り組み

6.3.1 どのように問題解決・改善に取り組むか

情報共有を徹底させる必要がある。情報開示に消極的な教員もいるが、その理由や原因を調査し、教員間で必要性の認識を確認し、地道に改善に取り組む必要がある。

【記入後の気づき】

・非常勤の立場なので知り得ないことが多い。特に、各クラス担当から上がってきた問題など、教員間で解決することはあっても、なかなか問題を全体で共有できていない。

・その原因の一つに、プログラム運営の点検評価がどのように行われているのか、現場の教師にはわからないことが挙げられる。また、非常勤が多くの授業時間を担当し現場の教育を担ってはいるものの、責任者（コーディネーターや別科の専任、別科長）が現場の教育に関わる頻度が少なく、十分に現場の情報をすくい上げていない。大学の一部門として設置されているが、専任教員が学部の教育にウエイトを置いていることがこのような問題の原因かもしれない。

7.5 理系の大学院の日本語プログラムの場合

記入者： 長野 歩 （立場： コーディネーター ）

対象プログラム／コース／科目

名称	機関名／コース名など 理系大学院 / 英語特別コースのための技術者日本語コース
実施期間	2022 年 4 月 ～ 2023 年 1 月

利用の目的 ＊当てはまる項目に✓（複数回答可）

✓	プログラムの全体像を把握する	✓	プログラムの現状を記録する
✓	問題を特定する		過去のプログラムを振り返る
	プログラムについて説明する		新しいプログラムを作る
	その他：		

記入後に見せたい人 ＊当てはまる項目に✓（複数回答可）

✓	内部者（具体的に：　　　　　　　　　　　　　　　　　　　　　）
	外部者（具体的に：　　　　　　　　　　　　　　　　　　　　　）
	その他（具体的に：　　　　　　　　　　　　　　　　　　　　　）
	自分のみ

【社会的背景・プログラムの現状】および【基本理念・使命・目標】

2.1 社会的背景・プログラムの現状

2.1.1 社会的背景

2.1.1.1 対象プログラムは内外のどのような社会状況あるいはニーズと関連しているか

　専門分野について日本で研究をしながら学位を取得するニーズがある。科学技術分野では日本語よりも英語のほうが重要だが、学生間の交流を含め、生活するためには日本語も必要である。（同時に、日本人学生には科学技術分野の共通言語である英語で対等に議論できるようになることが求められている。）

2.1.1.2 対象プログラム実施にあたり、考慮すべき社会的条件や制約があるか

　上記の社会的背景から、キャンパスの国際化を実現し、キャンパス自体を日本語と英語のバイリンガル化することが要請されており、理系分野においては英語で学位を取得可能とする制度の導入が求められている。

2.1.2 プログラムの現状

2.1.2.1 対象プログラムには社会状況やニーズ、社会的条件や制約がどう影響しているか

　1980年代後半から理系各専攻に順次英語で研究発表や学位論文が可能な英語特別コースが設置されるようになり、それらのコースで研究する留学生対象の日本語プログラムが立ち上がる。この現象が他大学にも拡大し、初期には文科省より手厚い特別の予算が支給されていたが、2010年代以降文科省よりの予算は削減され、大学院独自の予算配分によりプログラムは存続することとなった。また、大学院全体の留学生を対象とする制度となったため、日本語教育プログラムの単位化が進み、限定的ではあるが、学位取得の修了要件として単位認定されるようになってきている。

2.1.2.2 （既存プログラムの場合、）どのような実績や課題があるか

　キャンパスのバイリンガル化が促進された。授業や研究に留まらず、事務部門にもおよび、文科省の期待に応える形となっている。

　また、国内外の教育・研究機関、国際機関、企業などで活躍する多くの人材を輩出している。

　受講が英語特別コースの学生に限定されることがなくなったため、他専攻や短期留学生を受け入れるようになった結果、多様なニーズに応えるべく、自律学習が可能な教材の開発やその資料となるコーパスの開発などが進んでいる。

　しかし、小規模な組織のため、教師への負担が大きくなってきているので、組織的な改善が求められる。

2.2 基本理念・使命・目標

2.2.1 基本理念・使命

2.2.1.1 対象プログラムの基本理念・使命は何か

日本での研究生活が円滑に行われるように、研究生活を保障する一環として日本語教育も位置づけられている。

2.2.2 目標

2.2.2.1 目標や下位目標は何か

1. 留学生の研究生活が円滑に行われ充実したものになるように、日本語教育を通してサポートする。
2. 日本語教育を通して日本の文化や社会への理解を促進する。
3. 留学生相互の交流、日本人との交流を日本語学習の機会を通して促進する。

　①日本語での基本的なコミュニケーション能力（話す・聞く・読む・書く）を習得する。

　②初級レベルからアカデミックなコミュニケーション力へつながる学習への意欲を高める。（教員は、そのための教材開発を行う。）

　③日本社会探訪の機会を通して日本文化や社会への理解を深める。

　④留学生相互および留学生と日本人学生との交流や親睦を深める機会を設ける。

【リソース（資源）】

〈ヒト〉

3.1 対象者（学習者等）

3.1.1 どのような対象者がいるか

修士・博士の学位取得を目的とした、国内外からの正規学生が多く、滞在期間は2～3年。近年は交換留学生など短期（6か月から1年）の留学生および研究生、また研究員や外国籍の教員、さらに留学生の配偶者も対象者に含まれる。

3.1.2 背景・特性等はどのようなものか

英語が媒介語。

国籍は、中国、韓国、台湾、インド、インドネシア、アメリカ、カナダ、タイ、フィリピン、バングラデシュ、スリランカ、ベトナム、ネパール、ブータン、ドイツ、フランス、スウェーデン、デンマーク、ウクライナ、アルバニア、キプロスなど。

国費留学生、外国政府派遣、JICA 他、何らかの奨学金を受けている。

3.2 教師

3.2.1 教師はどのような役割か

日本語の教育、シラバス作成、学生からの相談の窓口

3.3 学習支援者

3.3.1 学習支援者はどのような役割か

1か月に1回程度だが、日本人ボランティアが授業に参加し、会話パートナーとなり日本文化・社会の紹介を行っている。

3.4 コーディネーター・主任教員等

3.4.1 コーディネーター・主任教員はどのような役割か

教室全体の統括、授業計画立案、上長・事務部門との連絡・報告、学内他部門との連絡、獲得資金の申請、学習支援者との連絡、教室環境の整備

3.5 その他のプログラム運営の関係者・関係組織

3.5.1 どのような立場の人や機関が関係しているか

専攻の教員、学内の他の日本語教育機関、学生のスタッフ、チューター、専攻の図書室司書、事務室職員

3.5.2 決定権のある関係者はだれか

直属の担当教授、教授会、学生の指導教員、事務主任

3.5.3 上位組織と言語教育プログラムはどう関係し、位置づけられるか

専攻に留学している学生を指導する教員の期待に沿うような日本語教室の在り方が常に問われている。

3.5.4 その他の組織・関係者には何があるか（事務スタッフや組織外の関係者等）

学生募集の窓口となっている連携教育機関、他専攻の学生も受け入れているので、学生が所属する専攻の教員、事務スタッフなど。

〈モノ〉

3.6 施設・設備・備品

3.6.1 プログラムの対象者用に、どのようなモノがあるか

パソコン、タブレット、教材、参考書、飲み物、ヘルメット（防災）、新型コロナウイルス感染症（COVID-19）対応としてアクリル板を設置

3.6.2 教師・学習支援者用に、どのようなモノがあるか

パソコン、電子黒板、白板、デスク、書棚、コピー機、教材・参考書、茶器、日本の伝統的玩具

〈 カネ 〉

3.7 予算・資金

3.7.1 プログラムにはどこからカネが来ているか

専攻の予算、研究科の予算、学内や学外の機関から一時的にから獲得した資金

3.7.2 どのぐらいカネがかかるか

年によって、獲得資金の多寡もあり、購入物件が異なるので一定ではない。
授業担当者への給与は各年度ほぼ一定。

〈 情報 〉

3.8 情報

3.8.1 プログラムにはどのような情報があるか

授業記録、議事録、教材の蓄積、目標言語調査記録、ホームページ

3.8.2 情報はどの範囲で共有されているか

教員間で共有。ホームページは学外に公開。

3.8.3 情報はどのような方法で共有されているか

紙媒体の他、電子ファイルをクラウド上に保存・共有し、グループメールでも共有している。

【学習・教育の活動内容】

4.1 時間的枠組み

4.1.1 プログラムの時間的枠組み（期間・学習時間・単位数・活動頻度など）はどうなっているか

各学期 14 週。

コースＡ：一コマ 105 分×3 回／週

コースＢ：105 分×2 回／週

コースＣ：105 分×1 回／週

4.2 活動単位（科目等）の構成

4.2.1 どのような活動単位（科目等）の分類（4技能総合型、特定の技能・専門分野別など）になっているか

コースＡ：四技能総合コース、初級前半

コースＢ：四技能総合、初級後半

コースＣ：初中級から中級の会話

4.2.2 能力レベルを設定する場合、どのような基準を用いているか

日本語能力試験に準拠したレベルチェック

4.3 各レベルや各活動単位（科目等）の目標とプログラム全体の目標の関連づけ

4.3.1 各レベルや各活動単位（科目等）の目標は、プログラム全体の目標とどう関連づけられているか

コースＡ：日常生活における基本的なコミュニケーションができる。

コースＢ：アカデミックな場で必要なコミュニケーションのための簡単な語彙・表現を理解し、使うことができる。

コースＣ：自分の研究について、概要を話すことができる。また、コース合同で、文化活動や見学を通して日本の社会・文化への理解を深める機会を提供し、日本人学生やボランティアの継続的な参加によって、交流を可能とする。

4.4 主な活動単位（科目等）の特性

4.4.1 どのような媒体を用いて指導や支援を行っているか（例：対面授業、オンライン授業、通信教育）

通常は対面授業だが、コロナ禍の状況下ではオンライン授業（同期型）を行った。

4.4.2 どのぐらいのクラスサイズ（例：少人数クラス、個人指導、グループ学習）で、どのような学習形式（例：講義-演習型／ゼミ形式／グループ学習など）によって実施されるか

各コースとも10人から15人程度の少人数クラス。文型や語彙導入を伴う会話練習が基本だが、漢字や漢字語彙などは講義形式も含む。

4.4.3 どのような教材を用いているか（例：書籍／動画／生教材／ウェブ教材など）

テキスト（書籍）と導入や練習に必要な教材はPPT、ビデオ、生教材などを、扱う項目によって適宜使用。

4.4.4 どのようなシラバス（学習項目一覧）タイプか（例：構造（文法）、機能、技能（スキル）、場面、話題（トピック）、行動・体験中心の活動など）

構造、機能、技能、場面、話題を取り入れた複合シラバス。

4.4.5 どのような教育方法が用いられているか（例：直接法／媒介言語使用可、コミュニカティブアプローチ、タスク中心の教授法など）

媒介言語も使用可。導入項目によって、アプローチは選択的で、柔軟なコミュニカティブアプローチで、担当する教員が判断する。

4.5 各活動単位（科目等）での評価方法、プログラム修了の認定

4.5.1 各活動単位（科目等）でどのような評価方法が用いられているか（例：筆記テスト、会話テスト、プレゼンテーション、レポート課題など）

　中間と期末試験は筆記試験と聴解試験。各課修了後のクイズ。学期終了時の口頭発表とその原稿（作文）。

4.5.2 プログラム修了の認定はどのように行われるか

　上記の評価方法で60％以上を基準とする。ただし、出席が70％以上であること。

【実施・運営】

5.1 実施・運営スケジュール

5.1.1 プログラム実施・運営のスケジュールは、いつだれがどのように決めるか

　大学の学事歴を基本に、教員間で相談の上決定したものを、教授会に提出し、承認を得る。

5.2 教師・学習支援者および運営スタッフ

5.2.1 教師・学習支援者および運営スタッフは、いつだれがどのように決めるか（採用・配置）

　教員の採用は、専攻の担当教員と日本語担当のコーディネーターで決めるが、教授会の承認が必要。

5.3 対象者（学習者等）

5.3.1 対象者（学習者等）は、いつだれがどのように決めるか（募集・選考・受入れ）

　留学生は専攻、あるいは研究科の基準で受け入れを決定する。日本語教室の受け入れは、レベルが合えば、だれでも受講可能。

5.4 シラバス、時間割等

5.4.1 シラバス、時間割等はいつだれがどのように作成するか

　コーディネーターを中心に担当教員間で各コース開始前に作成する。

5.5 リソース（資源）の配置と共有

5.5.1 「ヒト」の配置をどうするか

　学習者は、まずプレースメントテストを受け、レベルにあったコースを選択する。希望のコースがあれば担当教員と相談して決めることが可能。

　教師の配置は、教師の時間を優先するが、専攻の専門科目の時間と重ならないように調整する。

5.5.2「モノ」の配置をどうするか

5.5.2.1「場所」の配置をどうするか

基本的には、教室の収容人数の範囲で学生を募集している。ただ、学期によって学生が収容しきれないときは、その人数に見合った教室を手配することが可能。

5.5.2.2 その他の「モノ」の配置をどうするか

日本語教育のための研究室（オフィス兼教室）があり、そこに必要なすべての教材、教具、機材などが配置されている。

5.5.3「情報」の共有をどうするか

授業記録、授業で使用した教材などの共有にはクラウドを活用している。紙媒体のものは、教室の所定の位置に保存し、教員ならいつでも閲覧することができる。運営に関する情報は、教員の立場によって多少異なるが、基本的にはミーティングやメールなどによって共通の理解のもとに進める努力をしている。ただし、教員の在籍年数によって、理解の程度、考え方の違いがみられ、理念や目標に立ち返りながら調整している。

5.6 他部署・他機関との連携

5.6.1 組織内関連他部署との連携をどうするか

専攻事務室は、教員の勤務時間と給与、教室の運営経費の管理を担当しており、必要な物品の購入の支払いを行っている。学生募集に当たっては、事務室側のオリエンテーション、学生への案内など負うところが大きい。

5.6.2 組織外との連携をどうするか

日本人ボランティアとの会話の機会を設けたり、社会・文化体験に参加してもらったりすることによって、幅広い日本社会・文化理解につながっている。

5.7「ヒト」への支援

5.7.1 対象者（学習者等）への支援は、どのようにしているか

学生の指導教員が主たる支援者だが、カウンセリング等の生活支援が可能な留学生担当部署がある。しかし、日常的な生活上の問題や、学生が所属する研究室での問題がある場合、日本語教室に相談を持ってくることもあり、教員が対応する場合もある。しかし、日本語教室の業務には含まれていないので、教員のボランティア精神に頼っているのが現状。

5.7.2 教師・学習支援者および運営スタッフへの支援は、どのようにしているか

教師の成長を支援する組織的な制度はない。ほぼ自己研鑽によるものとみなされており、成長のための環境づくりに対する「カネ」は支出されていない。

5.8 プログラムの点検・評価システム

5.8.1 プログラムの点検・評価はいつだれがどのように実施するか

学期末には、学生に対してコース・プログラム評価のためのアンケート調査を実施し、その結果を含めて年度末に報告書を作成し、提出している。

5.8.2 どのような証拠資料（エビデンス）をいつだれがどのように保存するか

上記アンケート調査および受講者数と修了者数の学習者の推移を日本語教師自身がデータ化し、教室に保存するとともに専攻の担当者に提出している。

5.8.3 問題点の改善をいつだれがどのように行うか

必要に応じて教師間の話し合いによって改善できるものと、事務室の協力が必要なもの、上長との話し合いが必要なものなど、内容によって異なるが、どのレベルの問題であっても、教師間の合意の上で行っている。

5.9 危機管理／リスクマネジメント

5.9.1 危機管理／リスクマネジメントはだれがどのようにしているか（例：感染症、自然災害、情報漏洩、誹謗中傷）

感染症や自然災害に関しては、学内の衛生・安全管理を担当する部署の指導の下、各専攻の担当責任者と教室毎の責任者が連携して対処している。情報漏洩や誹謗中傷、ハラスメントなどについても学内の担当部署があり、毎年教職員に対して研修を行っている。

地震や火災、薬品などによる事故に関しては、学期に一度の構内での訓練がある。

また、日本語教室独自に来日直後の学生を防災センターに連れていき、地震・火災・水害などの模擬的な体験をさせて、対応の仕方を学ばせている。

【成果と課題】

6.1 成果・目標達成の程度

6.1.1 どのような成果があがったか、また、どの程度「目標」が達成できたか

- グループワークを頻繁に行った結果、オンライン授業でも学生同士が相互に連絡を取り合い、日常的な情報交換を行う関係性ができ、教室が学生同士の交流の場となった。
- 研究室やゼミの会話による目標言語調査に基づくコーパスを利用した教材の作成と利用が進んだ。その結果、漢字圏のみならず非漢字圏の学生の、漢字や漢字語彙への興味が深まった。

- 学生の平均的な出席率は80％以上だが、途中研究で忙しくなって出席できなくなる学生が各学期とも2名いた。研究優先ということもあり、出席を強く促しにくい。
- 学生へのアンケート調査から、学生のプログラムに対する満足度は90％以上であった。
- コースAで実施した試験の平均点は84点、コースBは89点、コースCは81点で、形式的にはほぼ目標が達成できたが、オンライン授業なので、果たして日本語でのコミュニケーション力はリアルな対面授業ほど正確には把握できていない。

6.2 問題点・今後への課題

6.2.1 どのような問題点・今後への課題があるか
- 授業時間の設定が先行の授業優先なので、学期開始直前まで確定できない。そのため、教員の学期ごとのスケジュールにしわ寄せがくる。
- 研究が理由の欠席により途中で受講をあきらめる学生への対応をどうするかが課題。
- 教材作成は業務とみなされておらず、教師の自己研鑽の一部と位置づけられている。情報の共有を原則としているため、教材を作成する教師、作成はせず共有された教材を使用するだけの教師がおり、教師間の関係性に非対称性がある。
- 教室運営業務は謝金に含まれないが、実際は授業以外の教室運営をせざるをえない。

6.3 問題解決・改善への取り組み

6.3.1 どのように問題解決・改善に取り組むか
- 専攻の研究を指導している教員に対する理解が必要。教室の行事などにも声かけをして参加を促したり、学生の学習状況を知ってもらうように努力する必要がある。
- 日本語教師の待遇改善が必要。そのために、どのような業務に携わっているかを具体的に伝え、労働とみなしてもらう必要がある。

【記入後の気づき】
- 理系大学院ということもあり、理系の研究が優先されるのは理解できる。しかし、単位が発生する授業という位置づけを専攻の指導教員にも理解してもらいたい。
- より良い教師を目指すことと、ボランティアではなく労働者としての教師という認識を定着させることが必要。
- 業務と自己研鑽の範囲をどう見るか、企業などでの事例も踏まえて検討する必要がある。

7.6 海外の大学の日本学専攻の日本語プログラムの場合

| 記入者： | 海野 向 （立場： コーディネーター ） |

対象プログラム／コース／科目

名称	機関名／コース名など Faculty of East Asian Studies, Famous University
実施期間	2020 年 10 月 ～ 2021 年 6 月

利用の目的 ＊当てはまる項目に✓（複数回答可）

	プログラムの全体像を把握する		プログラムの現状を記録する
	問題を特定する		過去のプログラムを振り返る
✓	プログラムについて説明する		新しいプログラムを作る
	その他：		

記入後に見せたい人 ＊当てはまる項目に✓（複数回答可）

	内部者（具体的に： ）
✓	外部者（具体的に： ）
	その他（具体的に： ）
	自分のみ

【社会的背景・プログラムの現状】および【基本理念・使命・目標】

2.1 社会的背景・プログラムの現状

2.1.1 社会的背景

2.1.1.1 対象プログラムは内外のどのような社会状況あるいはニーズと関連しているか

　語学教育を含む地域研究の歴史ある拠点校。外交、経済などで日本との交流に貢献できる人材の育成。

2.1.1.2 対象プログラム実施にあたり、考慮すべき社会的条件や制約があるか

　国の教育政策、言語政策、移民政策に左右される。厳格な大学評価、質の管理が求められている。

2.1.2 プログラムの現状

2.1.2.1 対象プログラムには社会状況やニーズ、社会的条件や制約がどう影響しているか

　東アジア学部の一角の日本学は、世界情勢の影響を受けながら常に中国学と、最近はK-POPの影響で韓国学とも学生数の競争をしている。

2.1.2.2（既存プログラムの場合、）どのような実績や課題があるか

　卒業生は、日本語を活用し日本企業に就職や大学院進学をする。
　既習者の増加、海外からの学生の減少など、学生の背景の変容への対応が課題。

2.2 基本理念・使命・目標

2.2.1 基本理念・使命

2.2.1.1 対象プログラムの基本理念・使命は何か

　All our students gain in depth knowledge of the history and culture of the region of their choice, expanding their horizons and learning to think in new and exciting ways both in the classroom and through real-world engagement.

2.2.2 目標

2.2.2.1 目標や下位目標は何か

　高度な日本語運用力をもった知日派、日本通の育成。国の大学の質の管理方針で、大学で語学を専攻した場合は、CEFRのC1レベルを目標とすると明文化されている。

【リソース(資源)】

〈 ヒト 〉

3.1 対象者（学習者等）

3.1.1 どのような対象者がいるか
学位取得を目的とした、国内外からの正規学生。21歳以上の成人学生もいる。

3.1.2 背景・特性等はどのようなものか
国籍、母語はさまざまで、英語が媒介語。既習者、継承語系の増加。

3.2 教師

3.2.1 教師はどのような役割か
日本語の教授者、授業担当者、教材作成者、プログラム運営者、評価者、学生のアドバイザー

3.3 学習支援者

3.3.1 学習支援者はどのような役割か
学習支援者はいない。

3.4 コーディネーター・主任教員等

3.4.1 コーディネーター・主任教員はどのような役割か
日本留学を含む日本語教育プログラムの運営責任者、
学内での日本語教育プログラムの代表者

3.5 その他のプログラム運営の関係者・関係組織

3.5.1 どのような立場の人や機関が関係しているか
学科長、学部長

3.5.2 決定権のある関係者はだれか
学部長

3.5.3 上位組織と言語教育プログラムはどう関係し、位置づけられるか
本プログラムは、日本学の学位を取得するための必須第1段階である。第1学年は言語習得が主な目的であり、進級はかかっているが、卒業成績には含まれない。

3.5.4 その他の組織・関係者には何があるか（事務スタッフや組織外の関係者等）
事務スタッフ、交換留学協定校

〈 モノ 〉
3.6 施設・設備・備品

> 3.6.1 プログラムの対象者用に、どのようなモノがあるか
> 　PC 利用が可能な図書室、談話室、学習用のスペース
>
> 3.6.2 教師・学習支援者用に、どのようなモノがあるか
> 　講師室、コンピューター、参考図書、印刷等機器、
> 　教室内のプロジェクター・カメラなど

〈 カネ 〉
3.7 予算・資金

> 3.7.1 プログラムにはどこからカネが来ているか
> 　国、授業料、大学の基金、外部からの研究費や寄付金
>
> 3.7.2 どのぐらいカネがかかるか
> 　よくわからない。

〈 情報 〉
3.8 情報

> 3.8.1 プログラムにはどのような情報があるか
> 　カリキュラム内容に関するもの、対象者に関するもの、教師陣に関するもの、運営面に関すること
>
> 3.8.2 情報はどの範囲で共有されているか
> 　日本語教師間、日本語プログラム関係者間、学科内、学部内、大学内
>
> 3.8.3 情報はどのような方法で共有されているか
> 　メーリングリスト、各種会議
> 　機密文書はアクセスが限られたセキュリティーが高いサイトを通したメール。最近はオンラインビデオ会議が増えている。

【学習・教育の活動内容】

4.1 時間的枠組み

4.1.1 プログラムの時間的枠組み（期間・学習時間・単位数・活動頻度など）はどうなっているか

9月始まり6月終わりの学年度。3学期制で秋学期と冬学期は10週ずつの授業週。春学期は復習授業を2週間行った後、学年末最終試験期間となる。

1年目は週10コマ（1コマ＝50分）、2年目は週6コマ、3年目は日本留学、4年目は週3コマ。

4.2 活動単位（科目等）の構成

4.2.1 どのような活動単位（科目等）の分類（4技能総合型、特定の技能・専門分野別など）になっているか

文法・文型の時間、漢字・読解・作文の時間、聞く・話す・やり取りの時間

4.2.2 能力レベルを設定する場合、どのような基準を用いているか

学内の基準。CEFRを参考にしている。

4.3 各レベルや各活動単位（科目等）の目標とプログラム全体の目標の関連づけ

4.3.1 各レベルや各活動単位（科目等）の目標は、プログラム全体の目標とどう関連づけられているか

1、2年目で言語の基礎を身につけ、3年目の日本留学で運用力を磨き、4年目で日本語を駆使して日本および自国の社会事情などの情報を収集し、発表、議論できるようになる。

4.4 主な活動単位（科目等）の特性

4.4.1 どのような媒体を用いて指導や支援を行っているか（例：対面授業、オンライン授業、通信教育）

基本は対面授業。必要に応じてオンライン授業。

4.4.2 どのぐらいのクラスサイズ（例：少人数クラス、個人指導、グループ学習）で、どのような学習形式（例：講義‐演習型／ゼミ形式／グループ学習など）によって実施されるか

10名以下の少人数クラスを理想とする。場合によっては個人指導もする。内容や教師によって、さまざまな形式をとる。教師主導型授業ばかりとならないように、学生による発表も取り入れる。

4.4.3 どのような教材を用いているか（例：書籍 / 動画 / 生教材 / ウェブ教材など）

　1、2年生は市販教科書を使用。さらに2年生は加工した生教材も使用。4年生はすべて、生教材（ウェブ上のコンテンツ、動画を含む）。

4.4.4 どのようなシラバス（学習項目一覧）タイプか（例：構造（文法）、機能、技能（スキル）、場面、話題（トピック）、行動・体験中心の活動など）

　1年生は構造シラバス。2年生はトピックシラバス。

4.4.5 どのような教育方法が用いられているか（例：直接法 / 媒介言語使用可、コミュニカティブアプローチ、タスク中心の教授法など）

　媒介語は必要なときに使用。コミュニカティブアプローチ、タスク中心の教授法も用いる。

4.5 各活動単位（科目等）での評価方法、プログラム修了の認定

4.5.1 各活動単位（科目等）でどのような評価方法が用いられているか（例：筆記テスト、会話テスト、プレゼンテーション、レポート課題など）

　週ごとの小テスト、学期末テスト、課題などは平常点として30％の比重、学年末最終試験が70％と計算し、成績を付与。

4.5.2 プログラム修了の認定はどのように行われるか

　最終学年の学年末最終試験で合否決定。

【実施・運営】

5.1 実施・運営スケジュール

5.1.1 プログラム実施・運営のスケジュールは、いつだれがどのように決めるか

　前年度の3、4月ごろに主任が、学科内で調整後決定。

5.2 教師・学習支援者および運営スタッフ

5.2.1 教師・学習支援者および運営スタッフは、いつだれがどのように決めるか（採用・配置）

　主任を通して学科長に必要な人材の補填を依頼する。前年度の2月か3月に必要な人材を公募する。非常勤講師が1年ごとの契約の場合、毎年応募しなければならない。学科長、日本語教育専門外の教員を含む数名の採用チームが書類審査、模擬授業を含む面接を行う。

5.3 対象者（学習者等）

5.3.1 対象者（学習者等）は、いつだれがどのように決めるか（募集・選考・受入れ）

　　大学入学試験で指定以上の点数を獲得した入学希望者を受け入れる。また、学部内の入学選考委員が面接をして受け入れる方法もある。これらの結果が出るのは8月下旬なので、新学期開始直前でないと、新入生の人数が把握できない。

5.4 シラバス、時間割等

5.4.1 シラバス、時間割等はいつだれがどのように作成するか

　　前年度の3、4月ごろに主任が、教師陣の都合を聞いて決め、学部に提出。時間割は、学部内、大学全体での調整（他の科目、学生数、学生の専攻などを考慮）を経るので、9月まで決まらないことが多い。

5.5 リソース（資源）の配置と共有

5.5.1「ヒト」の配置をどうするか

　　主任が、協議の上決める。

5.5.2「モノ」の配置をどうするか

　5.5.2.1「場所」の配置をどうするか

　　　教室は、時間割と学生数に基づいて大学の教務部が決める。

　5.5.2.2 その他の「モノ」の配置をどうするか

　　　機器などの配置は、大学が決める。

5.5.3「情報」の共有をどうするか

　　日本語教育プログラムに関しては主任が情報をメールで流す。大学全般、学部内のことは事務スタッフからのメーリングリストで来る。また、学生についての情報は、担当教員間で会議またはメールで共有。学期初めと学期終わりに学科会議がある。試験、成績等の機密内容は、セキュリティーがかかった保存先を共有。

5.6 他部署・他機関との連携

5.6.1 組織内関連他部署との連携をどうするか

　　事務スタッフを通して行う。

5.6.2 組織外との連携をどうするか

　　主任が行う。特に日本留学に関連した事項は、主任およびその補佐が行う。

5.7 「ヒト」への支援

5.7.1 対象者（学習者等）への支援は、どのようにしているか

　大学の特別支援室からの情報に基づいて合理的な配慮をする（時間延長、録音許可、事前の印刷物配布、レポートなどの締め切り延長など）。

　学生一人一人にアドバイザー／メンター／チューターなどと呼ばれる教員がおり、学習面、生活面の支援をする。

5.7.2 教師・学習支援者および運営スタッフへの支援は、どのようにしているか

　必要な「モノ」（教科書、教材、PC、プリンター、コピー機、文具など）は所属部署からできるだけ提供されている。

　学期中数回、教師陣の会議がある。何かあれば、主任に連絡する。

　労働条件に関する問題は、教員組合に持ち込むことができる。

5.8 プログラムの点検・評価システム

5.8.1 プログラムの点検・評価はいつだれがどのように実施するか

　主任が主導して、教師陣の意見を求める。

　学生の成績に関しては、外部試験官を交えた学科成績会議で協議決定。外部試験官がプログラムおよび評価方法に関して講評する。一方で、学生が学年末に科目を評価する Student Evaluation があり、この結果は担当教師および主任のみが見られる。

5.8.2 どのような証拠資料（エビデンス）をいつだれがどのように保存するか

　学期中のクイズ、テスト等は主任が記録、保存。最終試験問題および解答用紙、および採点基準（コピー不可）は学部事務室が数年間保存。成績会議の記録も保存。

5.8.3 問題点の改善をいつだれがどのように行うか

　学科長からの要請もあるが、おおむね主任が主導する。変更点は学部会議で認められなければならない。プログラムを改訂するには、学生に通達する必要があるので、少なくとも1年前に決定しなければならない。

5.9 危機管理／リスクマネジメント

5.9.1 危機管理／リスクマネジメントはだれがどのようにしているか（例：感染症、自然災害、情報漏洩、誹謗中傷）

・基本的に危機管理は大学が行う。昨今は ICT 関連のセキュリティーが厳しく管理されるようになっている。

・今回のパンデミックでは、政府のロックダウン発表後2日で大学は全館閉鎖された。即オンライン授業に切り替わったのだが、大学側の IT 部門を

はじめ、教職員のボランティアグループでオンライン授業の進め方のワークショップが始まった。一番役に立ったのが、こちらの日本語教師会が即立ち上げたワークショップであった。
- 情報管理に関しては、厳密なセキュリティーが敷かれている。学生の個人情報はEメールで送る場合は、パスワードをかけなければならない。また、試験や成績関連の情報は、事務方が作成する厳重に管理されたサイトにアクセス権がある人だけが利用できる。

【成果と課題】

6.1 成果・目標達成の程度

6.1.1 どのような成果があがったか、また、どの程度「目標」が達成できたか

在籍学生ほぼ全員が進級・卒業できた。2名ほど精神面での問題を抱え、休学を申請した。

高度な日本語運用能力を身につけ、日本学を修める目標は達成できたと言える。

6.2 問題点・今後への課題

6.2.1 どのような問題点・今後への課題があるか

- 初心者と既習者の混合クラスの進め方
- ICTの発達、普及による、従来型の授業方法・形態からの脱皮

6.3 問題解決・改善への取り組み

6.3.1 どのように問題解決・改善に取り組むか

主任主導で、教師陣が一丸となって取り組む必要があるが、その時間、労力、リソースをどう確保するかが最大の課題。昨今では、ZoomやTeamsなどを使ったオンラインビデオ会議ツールを利用する動きが出てきている。

【記入後の気づき】
- 大学学部の学士課程プログラムであるので、国の法律や政策、学内の規則など多くの規制があり、その点の論議や書類づくりなどが煩雑である。しかし、その半面、これらの規制がプログラム全体を俯瞰し、統制していくことを促していることがわかった。
- 日本学学科が大学内で存続していくには、成果を上げることはもちろんだが、存在をアピールしていく必要がある。母語ではない言語で議論していくのは大変だが、日本語教師の声を届けるべく、現状をしっかり把握しておくのは重要である。

8章 むすび：言語教育「プログラム」を考える

本章の概要

　本章では、「プログラム」とは何なのか、自分たちが行っている言語教育活動を「プログラム」の視点で見るとはどういうことなのかについて考えていきます。

　ここまで、「言語教育プログラム可視化テンプレート」（以下、「テンプレート」）について詳しく見てきましたが、日々、言語教育に携わっている教師にとって、耳慣れた「プログラム」という語を的確に説明するのは案外難しいのではないでしょうか。そこで、プログラム評価論の分野においてプログラムをどう捉えているかを参考にしながら、言語教育におけるプログラムの特徴を、プログラムのレベル、社会的背景・現状、基本理念・使命・目標、多様な関係者（ステークホルダー）、実施・運営に必要な「リソース（資源）」、複数の活動のまとまり、計画とプロセス、プログラムの成果とその社会的影響、持続可能性といった点から見ていきます。そして、これらの特徴が、プログラムと社会のつながりによって体現されることを確認します。そのうえで、みなさんのそれぞれが関わるプログラムを社会の中に位置づけて捉える視点の必要性を考えます。

　本章で説明している言語教育プログラムの一つ一つの特徴は、本書を通して具体的に説明している「テンプレート」の各部分とも関連していますので、本書の各章を参照しながら見ていくと、プログラムについての理解がより一層深まるでしょう。

Template 8.1　言語教育活動を「プログラム」として見る

　1章では、この「テンプレート」について、自分の関わる言語教育活動の取り組みを、一つの教室、一人の教師といったレベルを超えたプログラムとして捉えることを目指していると述べました。そして、「テンプレート」への記述の経験を通して、そのプログラムの全体像、さらにはその中における自分の役割について認識できるようになることが本書の目的の一つです。

　しかし、「テンプレート」に記述することは、プログラムを見る手段の一つでしかありません。では、「日本語教育活動を『プログラム』として捉える」と言ったときに、それはどのようなことを意味しているのでしょうか。本章では、あらためて、言語教育活動をプログラムとして見るとどのように見えるかについて考えていきます。

Template 8.2　評価論における「プログラム」の捉え方

　「プログラム」という言葉は行政やビジネスの場面でよく耳にしますが、それが何を指しているのかは、意外に漠然としているように思われます。「テンプレート」の記述によって可視

化しようとしている「プログラム」とは、そもそもどのようなものでしょうか。まずは「プログラム評価」の分野の「プログラム」の定義を踏まえ、言語教育活動における「プログラム」の特徴を見ていきたいと思います。

評価論とは、社会的な政策や施策を主に社会科学的な手法を用いて評価しようとする実践的な分野です。そこでは、評価対象となる「プログラム」について次のような定義があります。

- 「特定の、あるいは特定可能な対象に明確な変化を引き起こすことを目的とした一連の計画された行動」（Owen, 2006, p.26）[注1]
- 「ある社会課題を解決するための一連の活動群」「それらの活動を実施に導くルールや人材を含む組織体制などの取り組み全体」（源, 2016, p.5）
- 「政策、施策、事業、プロジェクト、活動、イベントなどと呼ばれる様々な取り組み」（源, 2016, p.5）
- 「ある社会状況を改善するために、ひとつあるいはいくつかの目的に向けて組織化された諸資源および行動」（龍・佐々木, 2004, p.8）

これらの定義から見えてくるのは、「プログラム」が

(1) 何らかの対象に変化をもたらすことを目的にしている
(2) その目的のために一連の活動が行われる
(3) その活動に必要なルールや人材、資源などの組織体制がある

という特徴を持つということです。例えば、ある大学で留学生数を増やすために、留学生入試の受験者を増やす、留学生用のさまざまな施設を設置する、日本語教育カリキュラムを作成する、留学生担当の部署を置く、教職員に留学生教育に対する理解を図る、といった取り組みを行うかもしれません。つまり、留学生の増加という目的のために、これら一連の取り組み（活動）を組み合わせて行うことになります。

Template 8.3　言語教育活動における「プログラム」の特徴

では、前節で浮かび上がってきた「プログラム」の定義や特徴は、言語教育活動においては、どのように体現されているでしょうか。大河原（2023）では、上述の「プログラム」の定義や3つの特徴から、「プログラムを理解する上で鍵となるいくつかの特徴」（大河原, 2023, pp.357-362）として、以下8.3.1〜8.3.8までのようなキーワードを挙げて、プログラム

がどのように社会とつながっているかが論じられています。ここでは、本書の各章で論じているプログラムを捉えるさまざまな観点と関連づけながら、言語教育活動におけるプログラムとはどのようなものか見ていきます。そして、これらの特徴こそが、言語教育を社会とつなぐのだということを確認します。

8.3.1 「プログラム」のレベル

実際の「プログラム」はさまざまな名称で呼ばれています。しかし、それらはいくつかのレベルに分けて考えることができます。例えば、事業主体の観点から、「プログラム」を3つのレベルに分け、それらが相互につながっているという捉え方があります。政府や企業が主体となる「メガレベル」、組織内の部署や地域グループが主体の「マクロレベル」、個人や作業チームが主体となる「ミクロレベル」です（Owen, 2006, p.27）。また、一般に階層的に捉えられていることの多い「政策（Policy）」「施策（Program）」「事業（Project）」も先の「プログラム」にすべて含まれ得るとの指摘もあります（龍・佐々木, 2004, p.8）。このように、あるプログラムが、より上位レベルのプログラムの傘下で、その一部として組み込まれている場合もあります。

このように実際に行われるプログラムの多くは、階層的に複数のレベルから構成されている場合があります。しかし、こうした場合でも一つ一つのプログラムにはそれぞれに目的があり、そのために一連の活動を通して目的の対象に変化をもたらそうと働きかけているのです。言語教育プログラムも例外ではなく、上述のように階層的に複数のレベルから構成されていることが多く、各レベル間で働きかけあいながら実施・運営されているものです。例えば、大学が国際交流戦略としてさまざまな施策を打ち、その一環として一部の学部で海外の大学とのダブル・ディグリー・プログラム（2つの大学で学位の取得できるプログラム）を立ち上げたとします。そして、その一部として日本語教育プログラムがあるという場合、組織（大学）レベル、部署（学部）レベル、言語教育プログラムレベルというように、メガ、マクロ、ミクロのレベルでプログラムが階層的に相互に働きかけて実施・運営されていることになります。

（1章1.3でも説明されているように、本書における「プログラム」も、複層的に大きくも小さくも捉えられるという考え方で定義されています。）

8.3.2 社会的背景・現状、基本理念・使命・目標

プログラムはそれ自体で単独に存在することはできません。プログラムにはそれを実施・運営する主体が必要で、その主体が対象に何らかの変化をもたらすことを意図してそのプログラムを計画し、実施しているはずです。その主体の多くは教育機関であったり国や地方自治体といった行政であったり、あるいは営利目的の企業のような組織であったりします。その意味で、プログラムがそうした主体の意図や考え方を反映した内容となり得ることは当然のことです。しかし、そうした主体も自分勝手にプログラムを作るというのではなく、2章2.1で述べたように、社会的・文化的文脈（一定の制約や促進の条件）の中でその必要性を判断しなければ

なりません。例えば、国際情勢や国・自治体の政策やそれに関連する種々の法律や制度は重要な要素で、難民や労働者の受け入れに伴う言語教育はその典型例ですし、留学交流も政策によって促進されています。経済の状況も国際間の人の移動に大きく影響し、言語の学習者数に直接に影響します。文化への興味も言語学習者数を増やす要因になります。感染症が広がればオンライン授業のニーズは増大します。このようなさまざまな条件の下で、プログラムの主体は、プログラムという方法を用いて目的を達成しようとしているはずです。

　言い換えると、プログラムは、その事業主体を通じて、何らかの社会的なニーズに応えようとするものだと考えられます。プログラムの成果とは、働きかけた結果の、対象の変化を指しています。そして、その変化を通してプログラムが与えた影響は、その社会における「問題解決」あるいは「改善」として肯定的に捉えられます。つまり、プログラムは、その影響が社会にとって肯定的なものとなるように実施されるべきものです。このことは、そのプログラムが、実施される社会における社会的・文化的価値を反映して、存在していることを意味しています。プログラムの主体が何らかの社会的ニーズを満足させるために担っていることがそれぞれのプログラムが持つ存在意義であり、それは多くの場合、各プログラムの「使命」という形で表明され、プログラムが実施される社会的・倫理的価値を反映しているのです。

　ただし、その社会的ニーズが社会的な正義や公正に反しないものであることが大前提です。多くの場合、社会的ニーズが社会的な正義や公正に反しないものになっていなければ、そのニーズを満たそうとするプログラムも、経営的・政策的に成立しにくいと言えるでしょう。例えば、労働力確保のために他国から労働者を受け入れて言語教育を提供する場合、そこには社会的ニーズが存在します。しかし、もしプログラムの主体が経済的な利益のみを追求して対象者（学習者等）や現場の教師の多くが不満を抱くようなプログラム運営を行っていたら、どうすることがより正義や公正に反しないことなのか、関係者が考えて解決に取り組まなければならないでしょう。

　プログラム内で行われる言語教育活動は、社会的なニーズや社会的背景を踏まえたうえで実施すべきですが、社会的公正の観点からは、対象者（学習者等）個々人のニーズとの関係も考慮する必要があります。例えば、ある学校を卒業するために言語の科目が必修となっている場合、本当に必修とすることが妥当なのかを問う必要があります。カリキュラム構成の問題と併せて、社会的ニーズと対象者（学習者等）のニーズが一致しない場合にどちらがどの程度優先されるべきか、について考えねばならないからです。

　また、大学や企業といったより大きな組織の中で、生き残り戦略として国際化を図るといった方向性のもとで、その一部として言語教育活動が行われるようなこともあるかもしれません。そうした場合、一つ一つの活動を行う際には社会的な背景やニーズは見えにくいかもしれませんが、2章2.2で述べたように、その組織が社会の中で目指そうとしている基本理念や方針の中で、組織がそのプログラムに求めるものがあるはずです。それがプログラムの使命や目標として反映されるのだと考えられます。

　プログラムの基本理念や使命は、抽象的で一般的な言葉になりがちですが、そのままでは実

現、達成できたかどうかを、事実をもとに判断することができません。そこで、その判断ができるように、より具体的な基準を設定しなければなりません。つまり、プログラムの成果を判断するためには、抽象的な使命をより具体化しておくことが必要となります。それがプログラムにおける「目標」となります。

（社会的背景、基本理念、使命、目標について具体的にどのようなことが考えられるのか、より詳しくは2章で説明しています。）

8.3.3　多様な関係者：ステークホルダー

　プログラムが社会的なニーズに応えようとして実施・運営されているということは、その活動そのもの、あるいはそのプロセスや結果が、対象者である学習者に直接働きかける教師をはじめとした教育に関わるスタッフ（以下、教師／学習支援者）と教育を受ける対象者だけで成立するものではないことを意味しています。つまり、プログラムにおける個々の活動を実際に担っているのは、教師／学習支援者ですが、プログラムとしての活動を成り立たせているのは、こうした教師／学習支援者だけではありません。まず、対象となる学習者が存在しなければ活動そのものが始まりません。また、教育に直接に関わる教師のほかにも、プログラムを運営する事務スタッフなど、直接に関わらなくても欠かせない役割の人たちもいます。それ以外にも、プログラムの活動に協力してくれる学習者の属するコミュニティの方、資金や設備などを提供してくれる人、あるいは組織や団体があるはずです。このような多様な関係者が関わることによってプログラムは成立しています。つまり、このようなステークホルダー（利害関係者）の関与があって初めてプログラムが成立するのです。

　こうしたステークホルダーは、それぞれの立場でそれぞれの役割を果たしながらプログラムに関わっています。プログラムがより複雑で、より組織的になっていけば、より多くの、より多様なステークホルダーが関わることになっていくでしょう。

　ここで注意しておきたいのは、こうしたステークホルダーはそのプログラムに対して、それぞれの立場から何らかの期待を持ってプログラムに関わっている、ということです。例えば、教師／学習支援者であれば対象者（学習者等）に上達してもらいたい、事務スタッフであれば限られた予算や設備でできるだけ円滑に教育を進めてもらいたい、また教育機関の経営者であれば、プログラムの評判を高め、より多くの学習者を引きつけられる魅力的なプログラムにしたい、と考えるでしょう。

　しかし、彼らのプログラムに対する期待や期待に対する重点の置き方は、必ずしも一致しているとは限りません。むしろ、それぞれの関係者の期待が食い違っていることのほうが一般的でしょう。そして、こうした食い違いが、時としてプログラムの運営において問題として現れてくることがあるのです。こうした点からも、ステークホルダー間における必要な情報の共有がプログラムの運営には欠かせないものになっています。

　（3章では、【ヒト】をすべてリソース（資源）として捉え、3.1～3.5で説明しています。特にプログラムの周辺の関係者は3.5で説明しましたが、プログラムを取り巻く社会的環境

から見た場合、このような多様なステークホルダー（利害関係者）をまず意識する必要があるかもしれません。また、3.8では情報の共有についても説明しています。）

8.3.4　実施・運営に必要な「リソース（資源）」

　ここで、実際に活動を行うときのことについて考えてみましょう。8.3.2で述べた、制度や法律といった社会的条件は、プログラムの実施・運営の都合に合わせて簡単に変更できません。一方、8.2でプログラムの3つ目の特徴として「その活動に必要なルールや人材、資源などの組織体制がある」とあるように、実際にプログラムを実施・運営するには具体的なプログラムを構成するさまざまな要素が必要になります。それが3章で説明した「ヒト・モノ・カネ・情報」といった「リソース（資源）」です。これらは、プログラムの必要に応じて、どのようなものを、どの程度、どのように利用するのかを決めるものです。例えば、まずは言語教育活動の対象者について、どのような人たちを、何人ぐらい対象にするかはプログラムに合わせて決められます。そして、直接に活動を行う教師／学習支援者やプログラムを運営するスタッフもそうです。また、活動で利用できる教室などの設備や教材もあります。さらに、そうした有形のものばかりでなく、スタッフ同士が協力し合うためのルールやその際にやりとりする情報といったものも含められるでしょう。設備や教材をどう使うかといった決まりごと、対象者（学習者等）に関する情報、教授法や教育上のアイデアといったことも情報に含められます。プログラムの実施・運営に関連する外部の組織や団体などとの関係といった社会的なリソースも考えられます。

　プログラム運営のプロセスでは、こうしたさまざまなリソースを探したり新たに獲得したりして、必要な時に利用可能なものを選んで組み合わせ、決められた期間の範囲で使命・目標を達成していくのです。（主に3章でプログラムに必要な資源としての「ヒト・モノ・カネ・情報」について具体的に説明しています。）

8.3.5　複数の活動のまとまり

　次に、目的を達成するために行われる一連の活動について見てみましょう。8.2で述べたように「プログラム」は、何らかの「目的のために一連の活動が行われる」ものです。ここでいう「一連の活動」とはどういうことでしょうか。一般に言語教育活動は、例えば、授業のような活動が一つの活動単位になっています。そのような活動単位が複数集まり、それらが一定期間継続的に行われ、一つのまとまった活動となります。

　ここで注意したいことは、一つ一つの活動が相互に関連づけられた「まとまり」になっているということです。もし、各活動がそれぞれに独立して行われていたら、全体としての目的を達成することは難しいでしょうし、単独の活動だけで達成できることは限られています。全体の目的を達成するために重要なことは、個々の授業といった一つの活動の結果が、それに続けて行われる別の活動の条件となっているといったように、それぞれの活動が相互に関係し合い、連携していることです。例えば、自己紹介や買い物といった行動ができるようになるにも、語彙、発音、文法、行動に関する背景知識、さらには聞き取りや発話など、異なる知識・スキル

が要りますが、これらが複数の活動単位（科目等）が連携しあう中で学習されることも多いのではないでしょうか。短い文章を一つ読むだけでも、複数の活動単位（科目等）で学習された文字、語彙、文法などの知識が統合されて達成されることがあるでしょう。もちろん一つ一つの活動自体もそれぞれ目的を持って行われるものですが、それぞれの活動が相互に結びついて、プログラム全体としての使命に向かっているのです。したがって、どのような活動がどのようにつながっていけば達成するべき目的に結びつくかを考えておくことが重要なのです。

このように複数の活動が組み合わさり関連し合って初めて、プログラム全体としての目的を達成することが可能になるのです。

（4章、特に4.1〜4.3で活動単位（科目等）、およびそれらの組み合わせや目標の関連づけについて説明しています。）

8.3.6 計画とプロセス

「プログラム」とは何らかの対象に変化をもたらすための一連の活動だと捉えましたが、ここで、その実際の「プログラム」の一連の活動を計画性の観点から考えてみましょう。

まず、目的達成のためには、5章で説明したように、事前に、どのような活動をどのような体制で行うのかといったことを体系的に決めて、計画しておく必要があります。こうした実際の活動に取りかかる前に予め決めておく計画も「プログラム」と言えます。つまり「目指す目的を達成するために、何らかの活動や制度設計が組み立てられたもの」（源, 2020, p.20）です。

しかし、それだけではありません。たとえ用意周到に計画を立てたとしても、5.9で述べているように、実際に活動を始めてみると、必ずしも当初の計画通りにいくとは限りません。例えば、定期的に参加することを前提に活動を計画しても、台風などの天候の影響で活動が急きょ中止になったり、病気などの個人的な理由で受講者が突然欠席してしまったりすることがあります。そうすると、当初の計画のままでは目的達成の見込みが立たなくなってしまうかもしれません。そうした場合、目的達成のためには、当初計画されていなかった活動や措置も柔軟に適用していくことが求められます。つまり、「プログラム」には、その目的を達成するための事前の計画と同時に、その計画をどのように実行して目標達成に導いていくかといった、時間の経過に伴う動的なプロセスの2つの側面があると言えます。

（5章では「プロセス」を動的にとらえてプログラムを実施・運営することを説明しています。）

8.3.7 「プログラム」の成果とその社会的影響

「プログラム」は「何らかの対象に変化をもたらす」ことを目的として行われます。そしてプログラムによってその対象にもたらされた変化、つまり達成されたプログラムの目的は、プログラムの成果として現れます。6章でプログラムの成果をどう振り返り・評価するかについて説明しています。これらの成果は「ある社会課題を解決」したり「ある社会状況を改善」したりするといった社会の変化にもつながっています。したがって、多くの場合、プログラムは、単なるプログラムの成果だけではなく、それとつながっている社会の変化をも目指して行われ

るものです。

　しかし、だからといって、ある一つのプログラムを実施すればすぐに目指している社会的変化を生み出せる、という単純な構図ではありません。例えば、社会全体の雇用状況を改善するために中高年を対象にした職業訓練プログラムが実施されるかもしれません。しかし、プログラムの成果を達成できれば、そうした社会に変化をもたらすことができるとは限りません。上の例で言えば、職業訓練プログラムによって、受講者がさまざまスキルや資格を身につけたとしても、そのことによって直ちに就職できるわけではありません。このように、社会の変化をもたらすには、プログラムの成果だけでなく、その他のさまざまな要因が関わってくる可能性が考えられます。そこで、プログラムが直接対象に働きかけて生み出す成果と、その成果によってプログラムが長期的に社会に与え得る影響を、区別して整理しておく必要があります。

　このことを言語教育に当てはめてプログラムの成果を振り返る場合、対象者（学習者等）が言語を上達させ、周囲とのコミュニケーションがよりよくできるようになることが一義的なプログラムの成果だと考えられます。その後、対象者（学習者等）と彼らの属するコミュニティメンバーとの間で、言語コミュニケーションが促進されたことにより、多文化交流の活動が増え、互いの存在を認め合い良い共生関係が築けるようになることなどが長期的な成果です。

　（6章では、まずプログラムの成果をどう評価するかについて説明していますが、その成果が社会全体に及ぼす影響についても考えてみてください。）

8.3.8　持続可能性

　最後にプログラムを時間的な側面から見てみましょう。プログラムはまず社会的・組織的ニーズを背景にして特定の使命のもとに具体的な一連の活動の計画が立てられ実施に向けての準備が始まります。そうして立ち上げられたプログラムは、通常は一回だけ実施されて終了するということはなく、一定期間、あるいは何十年という長期間にわたって継続的に運営されます。（この点は1回性の意味合いの強い「プロジェクト」との大きな違いだと思われます。）継続的に運営されていく中では、立ち上げ当初の教師／学習支援者やスタッフが入れ替わってしまったり、当初想定していた対象者が減少してきたり、あるいは続けてきた教え方を大幅に変更しなければならないこともあるかもしれません。それでもプログラムの使命が維持される以上は、当初の計画の改善・変更を繰り返しながら継続していくことになるでしょう。（このことを「言語教育プログラム可視化テンプレート」では左の端の領域⑦に矢印で表現し、1章1.2の中の領域⑦「PDCAサイクル」で説明しています。）

　しかし、プログラムを継続していくためには、必要なリソースが質的にも量的にも確保され維持されていくことが必要です。例えば、想定する対象者が確保できなくなれば、プログラムそのものが成り立ちませんし、教師／学習支援者の質が低下すれば使命を達成することが難しくなります。その他にも十分な資金が確保できなければ、プログラムの規模を縮小したり、プログラムそのものを中断したりせざるを得ないかもしれません。このようにプログラムを持続可能なものとするには、プログラム内部でのスタッフ同士だけでなく、必要ならそれ以外の関

係者とも協力し、リソースの確保と維持に努める必要があります。

　また、プログラムの継続には、リソースの確保・維持の他に、そうしたリソースをどう効果的に利用するかという点も重要です。せっかく確保したリソースが十分に活用されなければ、目的とする成果を得ることが難しくなることもあるでしょう。しかし、プログラムが、特に長期間継続して行われていると、日々の活動について見直すことはなかなか難しくなってしまいます。そうしたことを避け、プログラムの持続性を維持するために、実施される活動についての定期的な振り返りや評価が欠かせません。

　（「PDCA サイクル」については 1 章 1.2 で、プログラムの点検・評価や改善の実施のサイクルについては 5 章 5.8 で、プログラムの成果や課題をどう振り返り・評価し、改善につなげていくかについては 6 章で説明しています。）

Template 8.4　言語教育を「プログラム」として捉える必要性

　前節までは、言語教育活動における「プログラム」としての特徴がいかに社会とつながっているかをみてきました。それを踏まえて、本節では日本語教育を例にして、あらためて「プログラム」として捉える視点の必要性について考えてみます。（本書も「言語教育プログラム可視化テンプレート」も日本語教育だけを意識したものではありませんが、対象言語が話されている地域での言語マイノリティに対する言語教育、すなわち第二言語教育（≠外国語教育）の例として、ここでは日本語教育を取り上げます。）

　日本語教育は、多くの場合、日本語教育機関などによって組織的に行われています。また前節までで見てきたように、組織的に行われているからこそ、社会とのつながりも見えてきます。そして、そもそも何らかの社会的なニーズがなければ、こうした組織的な日本語教育の取り組み自体が存在し得ないとも言えます。

　「日本語教育が社会とつながっている」ことは、これまでの日本語教育の歴史をひもといてみても明らかで、日本語教育はその時々の社会の状況や動向と密接に結びついて展開してきました（野山・石井, 2009）。例えば、近年においても、国内外のさまざまな日本語教育のニーズの高まり（日本語教育学会, 2019）を背景に、2019 年には日本語教育基本法が施行されました。それにより、政府においても「日本語教育の参照枠」や日本語教員の資格に関する議論などが動き出しました。それは日本社会において実質的に公用語でも共通語でもある日本語ができなければ、個々人の生活や仕事や社会の維持に困難をきたすと考えられているからであり、多様な文化や外国にルーツを持つ人々との共生を目指す社会を実現していくためには日本語教育を受ける機会を保障し、同時にその人々を受け入れる側の人や組織に日本語教育への理解と関心、そして責任を促す意義があるためです。

　その一方で、日本語教育が実際に行われる現場において、多くの日本語教師にとっての中心

的な関心事は、目の前の一人一人の学習者の日本語習得、教授法や教材、クラス運営といった授業活動やその結果に関することになりがちです。まずは目の前の対象者に責任を持たねばならないわけですから、ある意味でそれは当たり前のことかもしれません。

　こう見てみると、社会システムの中で捉えた日本語教育と教室現場における教育実践を見る目は、言語教育プログラムのあり方を正しく捉えるためにどちらも必要な視点であることは明らかで、この2つを統合して捉えることが必要です。このように、言語教育活動を広い視点から総体として捉えることが、言語教育が社会において、より有意義な活動として認知されていく第一歩になると思われます。それが「プログラム」の視点です。

　ただ、どうしても現場を動かしている多くの教師の関心事が目の前のことに向けられがちなので、本書では言語教育プログラムを社会システムに関連づけて俯瞰的に捉えることが重要だと繰り返し述べてきました。現場の教師／支援者やスタッフの一人一人の力は大きくないかもしれませんが、それでも視点の持ち方を変えるだけで、現場でできることが新たに見えてきたり、働きかけの方向性を見出せたりするのではないでしょうか。

Template 8.5　教育活動から「プログラム」へ

　本章では、言語教育活動をプログラムとして捉えるために、まず評価論におけるプログラムの捉え方を踏まえたうえで、言語教育活動におけるプログラムとしてのいくつかの特徴を見てきました。その際「プログラム」とは、計画的にリソース（資源）を活用して、何らかの目的を一連の活動によって組織的に達成するものでしたが、そのうえで、再度、言語教育を「プログラム」として捉え、以下の2点を、言語教育プログラムを特徴づける点として強調したいと思います。

（1）社会的つながりの中で言語教育活動が行われる：プログラムで行われる言語教育活動の目的は社会的なニーズや背景を踏まえて初めて見えてくる。
（2）教師／学習支援者の他にもさまざまな関係者が関わり、さまざまなリソース（資源）が利用されて、運営されている：そうした目的の達成に向けて行われる一連の活動は、多様なステークホルダーが関わり、さまざまなリソースが活用されることで初めて成り立つ。

　これまでにも、言語教育活動を（教師／学習支援者と学習者に注目して見るだけでなく）社会的背景のもとでさまざまなステークホルダーとの関係の中で成り立っているという見方が、提案されています。例えば、英語教育にも、どのような組織で行われるのであれ、教育の質を維持・向上させ、組織として持続的に教育活動を継続していくには、マネージメント（経営）

が重要であるという主張があります（White et al., 2008）。また、プログラムを運営・発展させていくには単にプログラムを回していく（ルーティーンとして業務をこなしていく）だけでなく、関係者とも関係を築き、プログラムの向かうべき方向を示し、共有していくことが必要だとする指摘もあります（Christison & Stoller, 2012, pp.14-15）。日本語教育では、プログラムという用語を用い、学習者や教師／学習支援者、コーディネーターだけではなく、プログラムの提供者、委託先、プログラム後に学習者が進むと想定される受け入れ先を関係者と捉える見方もあります（丸山, 2005, pp.15-16）。また、関連用語との比較検討から、日本語教育を言語教育プログラムとして捉えようとする試みがあります（大河原, 2023）。その他にも、言語教育をプログラム評価の視点から見たさまざまな考察があります[注2]。

Template 8.6　現場を「プログラム」として見直す

　ここまで、プログラムについて見てきて、自分の関わるプログラムが社会とどうつながっているのか、そして、そのプログラムを通じてよりよい言語教育を実現するために、これからどんなことを考え、何をしていけばよいか、何らかの示唆が少しでも得られたでしょうか。

　これまでに「言語教育プログラム可視化テンプレート」を使用した各種のワークショップでは、「現実に即した問題がトピックで有意義だった」「プログラムを決める職責がない人でも考えていくことは大切だと感じた」「プログラムを評価するという新しい視点を学ぶことができた」「現在作成中のプログラムについて改善ポイントを見つけることができた」など、有益だったという声をたくさんいただきました。テンプレートは気づきの機会を得るためのツールにすぎませんが、プログラムを構成する各種の要素とそのつながりについて考え直すツールとして有効だと思います。

　いま、みなさん自身は、どのようなプログラムに、どのような立場で関わっているでしょうか、あるいは関わろうとしていますか。その現場で感じている違和感や問題を「仕方がない」とあきらめてしまっていませんか。あきらめる前に、まずは自分の関わる現場を「プログラム」として捉え直すことから始めてみてはいかがでしょうか。まずはこのテンプレートを使って可視化することで、問題意識をだれかと共有できる可能性が生まれるかもしれませんし、同僚や上司や部下との話し合いのきっかけになるかもしれません。小さな声であってもささやき続ければどこかに届くものです。（もちろん、はっきりと大きな声でどこかに届けられればそれに越したことはありません。）特に問題がなくても、本書を参照しながらテンプレートへの記入を進めることで、プログラム全体を見渡すと同時に多角的な視点で捉え直すことができ、さらに改善できるポイントを見つけることもできるのではないでしょうか。

[注]

1 Owen (2006, p.26) が Smith (1989) を引用している定義。
2 隈井ほか (2009)、札野 (2011)、Kiely & Rea-Dickins (2005)、Norris, et al. (2009) など。

[参考文献]

大河原尚 (2023).「『言語教育プログラム』としての日本語教育」『大東文化大学紀要〈人文科学〉』61, 355-368.

隈井正三・松下達彦・渡邊有樹子・札野寛子 (2009).「日本語教育におけるプログラム評価 —意義・現状・提言」『2009年度日本語教育学会春季大会予稿集』(pp.88-99) 日本語教育学会.

日本語教育学会(2019).「『人をつなぎ、社会をつくる』日本語教育の国内外の状況について」第1回日本語教育推進関係者会議資料4
https://www.bunka.go.jp/seisaku/bunkashingikai/kondankaito/nihongo_suishin_kankeisha/01/pdf/r1422888_04.pdf（2024年8月19日閲覧）

野山広・石井恵理子 (編) (2009).『日本語教育の過去・現在・未来 第1巻「社会」』凡人社.

札野寛子 (2011).『日本語教育のためのプログラム評価』ひつじ書房.

丸山敬介 (2005).『教師とコーディネーターのための日本語プログラム運営の手引き』スリーエーネットワーク.

源由理子 (2016).『参加型評価 —改善と変革のための評価の実践』晃洋書房.

源由理子 (2020).「第1章プログラム評価とは」山谷清志 (監修)・源由理子・大島巌 (編著)『プログラム評価ハンドブック —社会課題解決に向けた評価方法の基礎・応用』(pp.19-30) 晃洋書房.

龍慶昭・佐々木亮 (2004).『「政策評価」の理論と技法 増補改訂版』多賀出版.

Christison, MaryAnn & Fredricka L. Stoller. (2012). *A handbook for language program administrators* (2nd ed.) Alta Book Center Publishers.

Kiely, Richard & Pauline Rea-Dickins. (2005). *Program evaluation in language education.* Palgrave Macmillan.

Norris, John M. & John McE. Davis, Castle Sinicrope, Yukiko Watanabe. (2009). *Toward useful program evaluation in college foreign language education.* National Foreign Language Resource Center University Hawaii.

Owen, John M. (2006). *Program evaluation: forms and approaches* (3rd ed.). Allen & Unwin.

Smith, M. F. (1989). *Evaluability assessment: A practical approach.* Norwell, Kluwer.

White, Ron & Andrew Hockley, Julie van der Horst Jansen, Melissa S. Laughner. (2008). *From teacher to manager: Managing language teaching organizations.* Cambridge University Press.

資料
言語教育プログラム可視化テンプレート
(Version. 3.2)

［見本］

※下記より電子ファイルがダウンロードできます。記述の際にご活用ください。

データ版「言語教育プログラム可視化テンプレート」
https://www.bonjinsha.com/wp/VisualizationTemplate

参考：言語教育プログラム研究会「言語教育プログラム可視化テンプレート」
http://www17408ui.sakura.ne.jp/tatsum/project/Pro_Ken/contents.html

「言語教育プログラム可視化テンプレート（Ver. 3.2）」は、クリエイティブ・コモンズ CC BY 4.0 DEED ／表示 4.0 国際 ライセンスの下に提供されています。
https://creativecommons.org/licenses/by/4.0/deed.ja

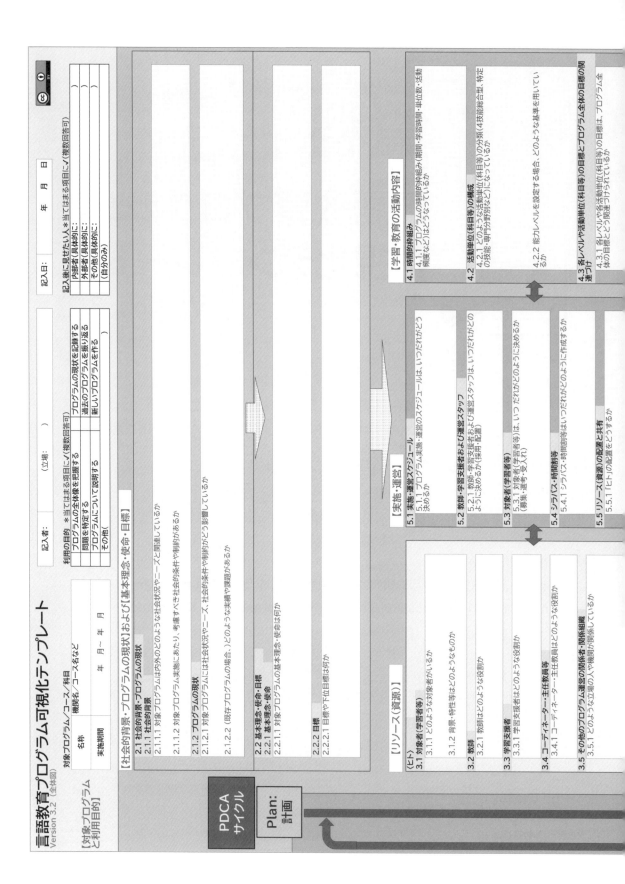

言語教育プログラム可視化テンプレート
Version 3.2（全体図）

記入者：　　　　　　　　（立場：　　　　）　　　記入日：　　　年　月　日

【対象プログラムと利用目的】

対象プログラム／コース／科目
- 名称：機関名／コース名など
- 実施期間：　年　月～　年　月

利用の目的 ＊当てはまる項目に✓（複数回答可）
- プログラムの全体像を把握する
- プログラムの現状を記録する
- 問題を特定する
- 過去のプログラムを振り返る
- プログラムについて説明する
- 新しいプログラムを作る
- その他（　　　　　　　　）

記入後に見せたい人 ＊当てはまる項目に✓（複数回答可）
- 内部者（具体的に：　　　　　　　　）
- 外部者（具体的に：　　　　　　　　）
- その他（具体的に：　　　　　　　　）
- （自分のみ）

【社会的背景・プログラムの現状】および【基本理念・使命・目標】

2.1 社会的背景・プログラムの現状

2.1.1 社会的背景

2.1.1.1 対象プログラムは内外のどのような社会状況やニーズと関連しているか

2.1.1.2 対象プログラム実施にあたり、考慮すべき社会的条件や制約があるか

2.1.2 プログラムの現状

2.1.2.1 対象プログラムには社会状況やニーズ、社会的条件や制約がどう影響しているか

2.1.2.2 （既存プログラムの場合、）どのような実績や課題があるか

2.2 基本理念・使命・目標

2.2.1 基本理念・使命

2.2.1.1 対象プログラムの基本理念・使命は何か

2.2.2 目標

2.2.2.1 目標や下位目標は何か

【リソース(資源)】

〈ヒト〉

3.1 対象者(学習者等)

3.1.1 どのような対象者がいるか

3.1.2 背景・特性等はどのようなものか

3.2 教師

3.2.1 教師はどのような役割か

3.3 学習支援者

3.3.1 学習支援者はどのような役割か

3.4 コーディネーター・主任教員等

3.4.1 コーディネーター・主任教員はどのような役割か

3.5 その他のプログラム運営の関係者・関係組織

3.5.1 どのような立場の人や機関が関係しているか

3.5.2 決定権のある関係者はだれか

3.5.3 上位組織と言語教育プログラムはどう関係し、位置づけられるか

3.5.4 その他の組織・関係者には何があるか(事務スタッフや組織外の関係者等)

〈モノ〉

3.6 施設・設備・備品

3.6.1 プログラムの対象者用に、どのようなモノがあるか

3.6.2 教師・学習支援者用に、どのようなモノがあるか

〈カネ〉

3.7 予算・資金

3.7.1 プログラムにはどこからカネが来ているか

3.7.2 どのぐらいカネがかかるか

〈情報〉

3.8 情報

3.8.1 プログラムにはどのような情報があるか

3.8.2 情報はどの範囲で共有されているか

3.8.3 情報はどのような方法で共有されているか

【学習・教育の活動内容】

4.1 時間的枠組み

4.1.1 プログラムの時間的枠組み（期間・学習時間・単位数・活動頻度など）はどうなっているか

4.2 活動単位（科目等）の構成

4.2.1 どのような活動単位（科目等）の分類（4技能総合型、特定の技能・専門分野別など）になっているか

4.2.2 能力レベルを設定する場合、どのような基準を用いているか

4.3 各レベルや活動単位（科目等）の目標とプログラム全体での目標の関連づけ

4.3.1 各レベルや各活動単位（科目等）の目標は、プログラム全体の目標とどう関連づけられているか

4.4 主な活動単位（科目等）の特性

4.4.1 どのような媒体を用いて指導や支援を行っているか（例：対面授業、オンライン授業、通信教育）

4.4.2 どのぐらいのクラスサイズ（例：少人数クラス、個人指導、グループ学習）で、どのような学習形式（例：講義-演習型/ゼミ形式/グループ学習など）によって実施されるか

4.4.3 どのような教材を用いているか（例：書籍/動画/生教材/ウェブ教材など）

4.4.4 どのようなシラバス（学習項目一覧）タイプか（例：構造（文法）、機能、技能（スキル）、場面、話題（トピック）、行動・体験中心の活動など）

4.4.5 どのような教育方法が用いられているか（例：直接法/媒介言語使用可、コミュニカティブアプローチ、タスク中心の教授法など）

4.5 各活動単位（科目等）での評価方法、プログラム修了の認定

4.5.1 各活動単位（科目等）でどのような評価方法が用いられているか（例：筆記テスト、会話テスト、プレゼンテーション、レポート課題など）

4.5.2 プログラム修了の認定はどのように行われるか

【実施・運営】

5.1 実施・運営スケジュール
5.1.1 プログラム実施・運営のスケジュールは、いつだれがどう決めるか

5.2 教師・学習支援者および運営スタッフ
5.2.1 教師・学習支援者および運営スタッフは、いつだれがどのように決めるか（採用・配置）

5.3 対象者（学習者等）
5.3.1 対象者（学習者等）は、いつ だれがどのように決めるか（募集・選考・受入れ）

5.4 シラバス・時間割等
5.4.1 シラバス・時間割等はいつだれがどのように作成するか

5.5 リソース（資源）の配置と共有
5.5.1 「ヒト」の配置をどうするか

5.5.2 「モノ」の配置をどうするか
 5.5.2.1 「場所」の配置をどうするか

 5.5.2.2 その他の「モノ」の配置をどうするか

5.5.3 「情報」の共有をどうするか

5.6 他部署・他機関との連携
5.6.1 組織内関連他部署との連携をどうするか

5.6.2 組織外との連携をどうするか

5.7 ヒトへの支援
5.7.1 対象者（学習者等）への支援は、どのようにしているか

5.7.2 教師・学習支援者および運営スタッフへの支援は、どのようにしているか

5.8 プログラムの点検・評価システム
5.8.1 プログラムの点検・評価はいつだれがどのように実施するか

5.8.2 どのような証拠資料（エビデンス）をいつだれがどのように保存するか

5.8.3 問題点の改善をいつだれがどのように行うか

5.9 危機管理／リスクマネジメント
5.9.1 危機管理／リスクマネジメントはだれがどのようにしているか（例：感染症、自然災害、情報漏洩、誹謗中傷）

【成果と課題】

6.1 成果・目標達成の程度
6.1.1 どのような成果があがったか、また、どの程度「目標」が達成できたか

6.2 問題点・今後への課題
6.2.1 どのような問題点・今後への課題があるか

6.3 問題解決・改善への取組み
6.3.1 どのように問題解決・改善に取り組むか

【記入後の気づき】

あとがき

　本書のもとになった言語教育プログラム研究会（通称：プロ研）は、当時、東京大学工学系研究科の日本語プログラムをコーディネートしていた山﨑佳子先生と私（松下）が呼びかけ人となり、2004年11月に10名ほどで発足しました。といっても当初は主に英語の文献を読む読書会でした。プログラムの運営をどうすればいいのか、情報交換がしたいと考えている先生方が同じようにたくさんいることに勇気づけられた思いがしていました。その後、本書の共同編集者でもあり、日本語教育のプログラム評価で博士論文を書かれた札野さんらが加わり、2006年11月に研究会に発展しました。読書会の発足から20年かかってようやく本書の出版にこぎつけたというわけです。

　振り返れば長い道のりでした。読書会を始めた当初、私自身は、当時の所属校で急増する留学生のための日本語教育プログラムのコーディネーションの仕事に忙殺され、研究らしい研究ができない状態でした。研究と教育・学務の仕事が循環するサイクルにすべく、自分が日々取り組んでいるコーディネーションの仕事を何とか研究にできないかと考えて調べてみたところ、英語教育では ELT management などの名称で研究されていることがわかりました。特にプログラムレベルでの評価の研究があることを知り、なるほどと思いました。また、英語教育の学会でEメールの洪水にどう対処するのか、といった非常に現実的な課題についてラウンドテーブルが行われているのを知り、テーマの実用性に驚くとともに、とても切実かつ新鮮に感じたことを覚えています。それでまずは英語の文献を読むことから始めました。

　やがて、読むだけでは物足りなくなり、2006年ごろから、自分たちのプログラムを研究対象にすることを考え始めました。会の運営に手間をかけず、リラックスした雰囲気で深い議論をすることを重視していたため、細々と非公開で研究会を続けていましたが、口コミで広がって30名ほどの会員数になっていたかと思います。2009年に学会でパネルを行い[注1]、言語教育プログラムに関わる要素を図にすることから発展して、最初に開発した言語教育プログラム可視化テンプレートVer.1を発表したのが2015年の学会でした[注2]。しかし、このVer.1は詳しすぎて、Excelのワークシート数十枚にも及ぶものだったため、現実の使用に耐えうるものではありませんでした。2016年には少しコンパクトにしたVer.2を開発し、日本語教育学会の実践研究フォーラムでワークショップを行いました[注3]。2017年にもパネル発表を行い[注4]、2018年には書籍を刊行しようということになり、執筆に参加するメンバー10数名で出版のプロジェクトを立ち上げました。それまでの約13年間に90回以上の研究会を重ね、会員によるさまざまな発表もありましたが[注5]、一度研究会そのものは休止して、2018年からは出版メンバーだけの集まりになりました。

　その後、今日まで、紆余曲折を経て6年を超える月日が経過してしまいましたが、その間、50回を超えるミーティングを開き、本書の内容を練り上げてきました。その間、日本語教育推進法や登録日本語教員制度の成立、新型コロナウイルス感染症（COVID-19）の拡大など

もあり、本書の内容にも加筆修正の必要な部分が出てきました。まさに言語教育プログラムと社会のつながりを実感しながらの執筆・編集でした。

　言語教育をプログラムのレベルで捉える研究は、まだ非常に少ないように思いますが、よく考えてみると、これはとても重要な課題です。例えば第二言語習得（SLA）の研究では、学習時間数と習得レベルは比例するという研究がありますが、では、どのようなカリキュラムにすれば学習時間数が増えるのかということはほとんど研究されていません。時間割の編成や担当者の決め方にも一定の基準や手順があることは経験的にわかるのですが、それが明確に言語化されているのを見たことがありません。何を必修にすべきで、何を選択にすべきなのか、何らかの原理があるはずですが、それも学会で共通理解があるとは言えない現状だと思います。教職員の働きやすさという観点からもプログラムの視点は極めて重要です。一方で、経営者や管理者にもそれなりの視点があり、プログラムの外の社会にもさまざまな期待があります。相互に異なる関心事をすり合わせて、関係者がみな納得できるプログラムにするには、そのプログラムの諸側面について記述し、可視化することが有効だと私たちは考えています。本書は言語教師のためだけに作られたものではなく、言語教育プログラムに関わる幅広い方に利用していただけることを願っています。また、本書をきっかけにして、言語教育をプログラムの視点で捉える研究や実践が増えることを期待します。本書の出版後は私たちも少しずつ研究会を再開したいと考えています。

　なお、本書の執筆者は全員日本語教育関係者であり、日本語教育の事例を念頭に置いて記述した部分が多々ありますが、「プログラム」という枠組みで捉えることの重要性は対象言語を問いません。日本語以外の言語教育関係者の方にも、プログラムを捉える枠組みを示すものとして、テンプレートおよび本書をご活用いただけましたら幸いです。

　本書の出版に至るまでに、多くの方のお力添えをいただきました。中でも、2004年のプロ研の立ち上げを私と共に主導してくださった山﨑佳子さん（元東京大学）、プログラム評価について専門的な立場から助言などをしてくださった渡邊有樹子さん（University of California San Francisco）、一時期プロ研の運営の中心的な役割を担ってくださり、多様な視点から私たちの議論に参加してご助言くださった隈井正三さん（元立命館アジア太平洋大学）、国内でもかなり早い時期に日本語教育界でのエンパワーメント評価に取り組む中、病に倒れ帰らぬ人となったプロ研メンバーの鎌田倫子さん（元富山大学）、本書の内容にかかわる貴重な情報を提供してくださった尾沼玄也さん（拓殖大学）、東京大学大学院在学中にアルバイトとしてテンプレートのデザインやデータの整理などをお手伝いくださった稲葉あや香さん（國學院大學）、そのほか、これまでプロ研に参加あるいは協力してくださったみなさまに特に御礼を申し上げます。

　　　令和6（2024）年夏

　　　　　　　　　　　　　　　　　　　　　　　　執筆者を代表して　松下 達彦

[注]

1 隈井正三・松下達彦・渡邊有樹子・札野寛子（2009）.「日本語教育におけるプログラム評価」日本語教育学会（平成21年度春季大会）パネルセッション，明海大学.

2 札野寛子・松下達彦・大河原尚・遠藤藍子・小池亜子・菅谷有子・鈴木秀明・田中和美・徳永あかね・ボイクマン総子（2015）.「日本語教育プログラム可視化テンプレート開発 ―プログラム構成要素と記述枠組みの検討―」日本語教育学会（2015年度秋季大会）ポスター発表，沖縄国際大学.

3 徳永あかね・大河原尚・遠藤藍子・小池亜子・菅谷有子・田中和美・中河和子・札野寛子・ボイクマン聡子・松下達彦・古川嘉子（2016）.「自分の関わる日本語教育プログラム像を描いてみよう ―プログラム可視化テンプレート試用版を用いて―」2016年度日本語教育学会実践研究フォーラム（体験型セッション），東京外国語大学.

4 鈴木秀明・大河原尚・札野寛子（2017）.「『日本語教育プログラム論』構築に向けての提案」日本語教育学会（2017年度春季大会）パネルセッション，早稲田大学.

5 この間の会員の著作については、言語教育プログラム研究会「参考資料」サイト（以下）を参照。
http://www17408ui.sakura.ne.jp/tatsum/project/Pro_Ken/link.html

執筆者一覧

＊カッコ内は主な執筆担当部分

【編著者】

松下 達彦（まつした たつひこ）　　国立国語研究所／総合研究大学院大学日本語言語科学コース 教授 （プロローグ、1章、4章、8章、あとがき）

札野 寛子（ふだの ひろこ）　　金沢工業大学 名誉教授 （まえがき、2章、6章、8章）

【著　者】（50音順）

遠藤 藍子（えんどう らんこ）　　元 昭和女子大学大学院文学研究科 教授 （2章、7章）

大河原 尚（おおかわら ひさし）　　大東文化大学国際交流センター 特任准教授 （8章）

大舩 ちさと（おおふね ちさと）　　国際交流基金日本語国際センター日本語教育専門員 （5章）

小池 亜子（こいけ あこ）　　国士舘大学政経学部政治行政学科 准教授 （3章）

菅谷 有子（すがや ゆうこ）　　元 東京大学大学院工学系研究科 非常勤講師 （2章、7章）

鈴木 秀明（すずき ひであき）　　目白大学外国語学部日本語・日本語教育学科 教授 （3章）

田中 和美（たなか かずみ）　　元 ロンドン大学東洋アフリカ研究学院（SOAS）主任講師、元 国際基督教大学 教授、ケンブリッジ大学アジア中東学部 非常勤講師 （5章、7章）

徳永 あかね（とくなが あかね）　　神田外語大学外国語学部国際コミュニケーション学科 教授 （2章、7章）

中河 和子（なかがわ かずこ）　　トヤマ・ヤポニカ 代表、富山大学 非常勤講師 （3章、7章）

古川 嘉子（ふるかわ よしこ）　　帝京大学外国語学部国際日本学科 教授 （4章）

ボイクマン 総子（ぼいくまん ふさこ）　　東京大学大学院総合文化研究科 教授 （4章）

松尾 憲暁（まつお のりあき）　　岐阜大学日本語・日本文化教育センター 助教 （3章）

データ版「言語教育プログラム可視化テンプレート」
https://www.bonjinsha.com/wp/VisualizationTemplate

参考：言語教育プログラム研究会「言語教育プログラム可視化テンプレート」
http://www17408ui.sakura.ne.jp/tatsum/project/Pro_Ken/contents.html

言語教育プログラムを可視化する
よりよいプログラム運営のために

2024 年 11 月 20 日　初版第 1 刷発行

編 著 者	松下達彦，札野寛子	
著　　者	遠藤藍子，大河原尚，大舩ちさと，小池亜子，菅谷有子 鈴木秀明，田中和美，徳永あかね，中河和子，古川嘉子 ボイクマン総子，松尾憲暁	
発　　行	株式会社 凡人社 〒102-0093　東京都千代田区平河町 1-3-13 電話 03-3263-3959	
イラスト	森貴夫	
カバーデザイン	株式会社コミュニケーションアーツ	
印刷・製本	倉敷印刷株式会社	

定価はカバーに表示してあります。乱丁本・落丁本はお取り換えいたします。
＊本書の一部あるいは全部について、著作者から文書による承諾を得ずに、いかなる方法に
　おいても無断で、転載・複写・複製することは法律で固く禁じられています。

ISBN 978-4-86746-027-6
©MATSUSHITA Tatsuhiko, FUDANO Hiroko, et al. 2024 Printed in Japan